科技選擇

如何善用新科技提升人類，而不是淘汰人類？

THE DRIVER IN THE DRIVERLESS CAR

HOW OUR TECHNOLOGY CHOICES WILL CREATE THE FUTURE

費維克・華德瓦
Vivek Wadhwa

亞歷克斯・沙基佛
Alex Salkever

譚天——譯

經營管理 152

科技選擇：
如何善用新科技提升人類，而不是淘汰人類？

作　　者　費維克・華德瓦（Vivel Wadhwa）、
　　　　　亞歷克斯・沙基佛（Alex Salkever）
譯　　者　譚天
責任編輯　文及元
行銷業務　劉順眾、顏宏紋、李君宜

總 編 輯　林博華
發 行 人　凃玉雲
出　　版　經濟新潮社
　　　　　104台北市中山區民生東路二段141號5樓
　　　　　電話：(02) 2500-7696　傳真：(02) 2500-1955
　　　　　經濟新潮社部落格：http://ecocite.pixnet.net
發　　行　英屬蓋曼群島商家庭傳媒股份有限公司城邦分公司
　　　　　104台北市中山區民生東路二段141號11樓
　　　　　客服服務專線：02-25007718；25007719
　　　　　24小時傳真專線：02-25001990；25001991
　　　　　服務時間：週一至週五上午09:30~12:00；下午13:30~17:00
　　　　　劃撥帳號：19863813　戶名：書虫股份有限公司
　　　　　讀者服務信箱：service@readingclub.com.tw
香港發行所　城邦（香港）出版集團有限公司
　　　　　香港灣仔駱克道193號東超商業中心1樓
　　　　　電話：(852) 25086231　傳真：(852) 25789337
　　　　　E-mail: hkcite@biznetvigator.com
馬新發行所　城邦（馬新）出版集團 Cite (M) Sdn Bhd
　　　　　41, Jalan Radin Anum, Bandar Baru Sri Petaling,
　　　　　57000 Kuala Lumpur, Malaysia.
　　　　　電話：(603) 90578822　傳真：(603) 90576622
　　　　　E-mail: cite@cite.com.my
初版一刷　2018年11月6日
初版二刷　2018年12月3日

城邦讀書花園
www.cite.com.tw

ISBN：978-986-96244-9-7

售價：380元
Printed in Taiwan

〈出版緣起〉

我們在商業性、全球化的世界中生活

經濟新潮社編輯部

跨入二十一世紀，放眼這個世界，不能不感到這是「全球化」及「商業力量無遠弗屆」的時代。隨著資訊科技的進步、網路的普及，我們可以輕鬆地和認識或不認識的朋友交流；同時，企業巨人在我們日常生活中所扮演的角色，也是日益重要，甚至不可或缺。

在這樣的背景下，我們可以說，無論是企業或個人，都面臨了巨大的挑戰與無限的機會。

本著「以人為本位，在商業性、全球化的世界中生活」為宗旨，我們成立了「經濟新潮社」，以探索未來的經營管理、經濟趨勢、投資理財為目標，使讀者能更快掌握時代的脈動，抓住最新的趨勢，並在全球化的世界裏，過更人性的生活。

之所以選擇「經營管理—經濟趨勢—投資理財」為主要目標，其實包含了我們的關注：「經營管理」是企業體（或非營利組織）的成長與永續之道；「投資理財」是個人的安身之道；而「經濟趨勢」則是會影響這兩者的變數。綜合來看，可以涵蓋我們所關注的「個人生活」和「組織生活」這兩個面向。

這也可以說明我們命名為「經濟新潮」的緣由——因為經濟狀況變化萬千，最終還是群眾心理的反映，離不開「人」的因素；這也是我們「以人為本位」的初衷。

手機廣告裏有一句名言：「科技始終來自人性。」我們倒期待「商業始終來自人性」，並努力在往後的編輯與出版的過程中實踐。

各界推薦

「費維克提出我們這個時代最重要的一個議題，那就是如何用科技提升人類，而不是淘汰人類。這本書為我們帶來極具價值的指南，讓我們評估未來科技的利弊與風險得失。」

——微軟（Microsoft）執行長薩帝亞・納德拉（Satya Nadella）

「呈現指數成長的科技即將改變我們人生的每一層面。對每一個人、每一家公司，了解這些科技的潛能與它們的衝擊都極端重要。費維克在這本書中為你提供一個明確而且具有權威的藍圖，幫你評估它們的利弊與風險。」

——奇點大學共同創辦人與執行主席，《紐約時報》暢銷書《富足》（*Abundance*）與《膽大無畏》（*Bold*）作者彼得・迪亞曼迪斯（Peter H. Diamandis）醫學博士

「如何找出眼前回報最豐、最有遠景可期的科技，一方面避開它們的危害，堪稱人類未來最重要的二個議題。費維克的這本新書以獨到見解，明確而清晰地檢驗了這二個議題。」

——發明家、未來學家、《奇點臨近》（*The Singularity Is Near*）與《人工智慧的未來》（*How to Create a Mind*）作者雷・庫茲威爾（Ray Kurzweil）

「非常好的書！我們這個不斷變化的世界現在進入『指數衝刺』，這種顛覆帶來巨大後果。費維克給了我們剖析這一切變化的稜鏡。」

——蘋果前執行長約翰・史考利（John Sculley）

「費維克憑藉絕頂才智與遠見，預言塑造我們未來的科技動態。更重要的是，他能本著熱情悲憫的心，吹響號角，讓身為商界領導者的我們，都知道如何帶領員工與我們一起走上這創新開明的旅程。」

——創辦人夥伴（Patriarch Partners, LLC）執行長里安・提爾登（Lynn Tilton）

「這本書提出的問題太重要，不容我們的政治領導者與社會大眾忽視。費維克・華德瓦以令人信服的論據，說明科技進步為我們帶來的大好良機。他並且證明我們迫切需要建立一種新治理系統，以確保我們可以一方面享受科技果實，一方面避開守候在我們眼前的風險。」

——聯合國第七屆祕書長、諾貝爾和平獎共同獲獎人、科菲・安南基金會（Kofi Annan Foundation）創辦人兼主席科菲・安南（Kofi Annan）

目錄

科技選擇

The Driver in the Driverless Car

第三部　風險與得失

第四部　科技帶來自主還是依賴

序

不久前，我對前途非常悲觀。飢餓與貧窮、疾病、人口過剩等等問題都讓我憂心忡忡。我相信世界上的清水與能源將逐漸耗盡，我們會為了爭奪稀有資源而掀起世界大戰。

今天，我認定這是人類史上最偉大的一刻，我們即將克服人類最大的幾項挑戰，進入我們在電視影集《星際爭霸戰》（*Star Trek*）上見到的那種開明、探險的時代。是的，我愛看《星際爭霸戰》，從小夢想有一天能使用分析手機（tricorder，按：《星際爭霸戰》裏的儀器，可以分析掃描）與基因複製儀（replicator，按：也是《星際爭霸戰》裏的儀器，可以複製食物等物件），想當太空人以便加入星際艦隊學院。但我那一代人，也就是一九六〇年代那批年輕人，誰又不是這樣呢？

我先後在史丹福大學（Stanford University）、杜克大學（Duke University）與奇點大

學（Singularity University），現在又在卡內基梅隆大學（Carnegie Mellon University），用六年時間研究，終於能將科幻轉換為實際的新科技。這些新科技帶來的遠景讓人稱奇，我在這本書裏會加以解釋。但我也了解還得提高警覺、努力不懈，才有進入烏托邦的可能：就像玩蛇梯棋一樣，通往成功之路處處險阻。

我的研究，讓我深深體會先進科技的危險。這些科技進度快到讓人來不及調適，能帶來前所未有的豐厚報酬，但也充滿不測風險。

就一個社會而言，我們能為令人稱奇的美景催生；而且了解得愈多，我們的決策會愈好，邁向《星際爭霸戰》科技烏托邦的成功機率也愈大。今天的科技變化進展過速，幅度也大到讓人喘不過氣，任何人（包括科技專家）只要能使用新工具，用它們思考、管理科技變化，都能獲益。我在好友、作家亞歷克斯·沙基佛（Alex Salkever）的協助下，撰寫這本書，為的就是提供這種工具，因為我相信，有選擇才有力量，相信參與的人愈多，做出的判斷愈好。無論在今天、還是在未來，新科技都將不斷帶來挑戰，我們希望這本書能幫你應付這些挑戰。

前言

那是一個溫暖的秋晨，我在走過加州山景（Mountain View）市中心區時見到那輛車。它有些像高爾夫車，又有些像《傑森一家》（*The Jetsons*，按：一九六〇年代美國華納經典卡通）中那艘有個泡泡頂、翩然而至、停在十字路口的太空船。乘客座上坐著人，但駕駛座上似乎不見人影。我心想，這倒是新鮮事。但我很快察覺，眼前這是一輛谷歌（Google）車。這家總公司設在山景的科技巨廠，正在這裏路測它小小的自動駕駛車。

這是我在一條沒有特定結構的普通道路上，邂逅一輛全自動車的第一次。一名行人在它前面走過，這輛谷歌車耐心等著。另一輛車跨出路口，打出左轉燈號，但谷歌車有路權。它毫不猶疑地加速，穩穩通過路口。我發現那車上的乘客似乎一點也不擔心。

這次邂逅經驗讓我驚豔，但也讓我惶恐。友人與同事告訴我，我有這種反應不稀奇。許多人類比機器優越的假設已因無人駕駛車出現而備受挑戰。

在這個科技突飛猛進的時代，我們都必須面對無法預知的未來，雖說我生活在矽谷（Silicon Valley），見到這樣的自駕車，仍讓我對今後可能面對的一切未知惶恐不已。在物質富裕的國家（世上其他國家的情況也逐漸如此），學習駕駛是一種人生階段，它代表自由，權力，代表長大成年，它證明人腦可以克服體能極限，擴大人體可以辦到的領域。直到最近，如何駕駛一輛車仍然似乎是只有人腦才能解決的問題。

駕駛是在極度變化多端的環境條件下，不斷運用風險評估、感官認知與判斷進行調適的一種組合行為。直到不久以前，一般認為這工作過於複雜，機器人無法處理。現在，至少在公路上，機器人的駕駛技術比人類還熟練。無須多久，就連人類應不應該駕駛都會成為公共議題。

這樣的典範轉移（paradigm shift）不會沒有成本，不會沒有爭議。自駕車一旦普及，數以百萬計以開汽車、卡車與大巴士（最後包括飛機與輪船）為業的駕駛面臨失業。我們會以一種Uber與Lyft的延伸版本共享我們的車。但軟體總會出錯，因而導致的人命傷亡勢所難免，我們又如何處理這類問題？一旦面對極度艱難的抉擇，像是為了保住一輛載滿學童的校車，自駕車應不應該犧牲自己車上的乘客，衝下懸崖？我們該怎麼運用程式，讓車子做出正確的決定？

我沒想到，第一次在馬路上見到谷歌自駕車那一幕，竟會讓我如此百感交集，又愁又喜。之後我終於發現，我所以如此情緒激動，反映的正是新科技為人類帶來的震撼：這些強調效率、即時、聯網、無障存取（accessbility）與多媒體同步串流的新趨勢，已經為我們帶來失業、欠缺認知與社會適應力不足、孤立、苦惱、以及情緒超負荷等等後果。

科技曾經是一門互不相關、以系統與一些酷儀器掛帥的行業。它在暗中一點一滴持續滲入我們人生每一角落；今天，這股暗流已經成為聲勢驚人的洪流。科技占領我們的一切：我們人生的每一部分、社會的每一部分、每天醒來以後見到的一切。幾乎無所不在的數據網路與連線裝置，讓我們可以迅速通訊，可以隨時處理資訊（從生物學、能源、與媒體，到政治、食物與運輸交通，一切的一切）為我們帶來前所未有、重新詮釋我們未來的變化。我們自然惶恐不安；我們也應該這樣。主要為加惠於少數人而設計的科技，可能造成反撲，讓我們大多數人與我們的環境受害。我們需要對自己的人生有一種控制感，需要真正控制自己的人生。

最能說明這種憂患意識的，就是谷歌車（Google car）。我們歡迎更美好的未來，但我們擔心失控，擔心失去部分自我，而且最重要的是，擔心失去自由。為了科技，我們需要付出什麼？我們又怎麼才能決定，改變我們人生的科技創新值得我們的犧牲？

著名科幻小說作家、深獲駭客與技術人員尊崇的威廉・吉布森（William Gibson），在一九九九年的一次電台訪問（顯然不是第一次訪問）中說：「未來已經來到；只不過分布不是非常均勻罷了。」[1]事隔近二十年以後（儘管大多數人，包括極貧者，今天都有可能參與非正式決策，決定新科技的分布，甚至決定某些科技的禁止使用），吉布森當年那段話仍然有效。

我靠思考未來和其他人討論未來為生，也因此有幸生活在大多數人心目中的未來裏。我駕一輛好得不得了的特斯拉（Tesla）Model S電動車。我在史丹福大學附近、門羅公園（Menlo Park）內的住宅是一棟被動式節能屋（passive house），完全不靠電廠供電，冷暖氣能源耗費極低。我的iPhone上有許多電子感應裝置，無論我置身世上任何角落，只需把它置於胸前就能繪出詳盡的心電圖，傳給我的醫生。*

許多與我討論突破科技（例如人工智慧與合成生物）的企業家與研究人員，都在以迅雷不及掩耳的速度營造更好的未來。有一個團隊只用三星期，就造了一個全功能外科手術手套原型，能在醫生進行檢驗時為醫生提供觸感指導。還有一個團隊用四個星期造了一種視覺化軟體，能使用市面有售的無人機空拍，告訴農人他們的作物長得好不好。所以說，所謂遙遠的未來，其實並不遙遠。我們指望一些機構能評估、或許還能預防新科技的風險，能讓新科技的利益普及均霑，能幫我們了解、融入它們。但問題是，科技變化腳步超過這些機構，這些機構已經陷於一片改變之海中。

如果我們坐視不管，這種劇變造成的大規模漣漪效應，將改變我們的生活方式，改變我們的壽命長短，甚至改變我們身而為人的本質。就算我現在這種未來色彩濃厚的生活，看來或許有些不真實，不出十年，我們可能認為它很原始到可笑的程度（因為我們的科技現在已經擁有工具，能讓我們的生活經驗，出現人類來到這個世上以來最大的變化。人類過去也曾歷經劇變），從開始用火到農業崛起，到帆船問世，到內燃機引擎，再到電腦，就像過去這些變化一樣，眼前這波變化也是科技大進的結果。不過眼前這波變化規模遠比過去大得多，速度快得多，對當代世人造成的壓力也更加令人難以承受得多。不了解這波變化會使我們人生、使這個世界似乎更加失控。

---

* 我心臟一直不好，曾經因心臟病發作而險些送命。能夠在幾秒鐘內、而不是拖延幾小時以後才能與我的醫生取得聯繫，使我的人生過得更安全、更輕鬆，讓我可以充滿信心地登山，在世界各地旅行、發表演說。

我將在以下幾章帶你進入這個未來世界，討論幾種正以指數規律飛速成長的科技，說明它們帶來的種種可能。你會見到我對它們的潛能無比興奮，但同時也對它們造成的風險憂心忡忡。

大體說來，我們會在二種可能的未來中集體選擇一種。一種是《星際爭霸戰》式烏托邦未來。在這種未來中，我們的需求既已滿足，於是全力鑽研知識，力圖改善人類。另一種是《瘋狂麥斯：憤怒道》（*Mad Max*，按：美澳合拍的一部末日後科幻片）式反烏托邦未來：一種你爭我奪、文明自我毀滅的可怕未來。

這二部影片都是好萊塢創造的科幻世界，不過都有可能成真。我們已經有能力，可以創造一個分析手機、基因複製儀的世界，已經擁有了不起的運輸科技，可以造就全民福祉、富足的食物、飲水與能源。但另一方面，我們也很可能迎來無就業經濟，喪失一切隱私，無所不在的醫療紀錄登錄、優生、以及貧富懸殊惡性循環的不斷加劇：種種條件都有可能造成動盪不安、造成歐威爾式（Orwellian，按：指沒有人性的極權社會，源於英國小說家喬治．歐威爾〔George Orwell〕寫過幾本膾炙人口的小說）、或充滿暴力的未來，讓我們熱烈期盼的科技帶動的進步化歸泡影。我們也知道，文明進步有可能在不知不覺間倒流。歐洲在羅馬帝國滅亡後的情況正是如此：人性沉淪，墜入「黑暗時代」（Dark

Ages），羅馬人經過嘗試與失敗、好不容易學得的大量知識與科技就此消逝。現代文明的進步固然驚人，但在全球動盪刺激下，照樣可以重演當年黑暗時代的淪亡慘劇。

決定這一切後果的是我們的集體選擇。科技一定會製造動盪不安，一定會毀滅產業與就業機會。它可以同時既讓我們的人生更美好、也讓我們的人生更醜陋。但如果我們可以共享創造的繁榮、軟化它的負面衝擊，確保利益超越風險，取得更大自主，而不是淪為科技附庸，我們可以進入《星際爭霸戰》的境界。

你會發現，所謂「非黑即白」在這裏並不存在；同樣的科技既能造福、也能為禍人類，是福是禍，一切端視我們的集體選擇而定。人類文明走向何方，我們每一個人都扮演一種決策角色。

最後你會發現我打從心眼裏就是樂天派。我真的相信我們都能學習、進步，攜手同心創造奇幻未來。

就讓我們抱著這種信念，展開這趟旅途吧。

第一部　如今現況

第一章

反烏托邦的苦滋味

二〇一六年美國總統選戰讓每個人都很憤怒。自由派候選人伯尼・桑德斯（Bernie Sanders）的支持者痛罵共和黨人種族歧視，認為美國的政治系統已經淪為一種買賣，而受惠最大的人是希拉蕊・柯林頓（Hillary Clinton）。支持保守派候選人唐納・川普（Donald Trump）的群眾，對美國的墮落與式微憤憤不平，認為左派與右派只會提出一些空洞保證，當權後就將選民拋在一邊。柯林頓的信徒則大罵主流媒體，說他們對川普幾近性侵的猥褻行為不聞不問。但情況還不止如此而已。

對現有系統的同樣憤怒也出現在英國。居住在倫敦繁華地區外的公民，大多投票要求英國退出歐盟。在德國，一個極端排外的右派政黨在國會取得關鍵席次。世界各地其他先進繁榮國家的民眾，也在失落感與貧富懸殊刺激下，紛紛走上街頭。以美國而論，實質收入已經不斷走低了幾十年。但在金融區閃閃發光的高樓，在谷歌與蘋果這類成長引擎擺滿康普茶（kombucha，按：一種時髦飲品）的科技園區，天之驕子的科技員工與華爾街之流，仍能日進斗金、肆意揮霍。

自微處理器與電腦入侵我們生活以來，一種無力感就在我們心頭逐漸升起。依我之見，歸根究柢，這些憤怒就在於這種無力感的作祟。一開始，我們對電腦驚艷不已。這些擺在起居室的小盒子，竟能幫我們分析帳目，處理文字，還能提供品質不輸大型遊戲機的電子遊戲！

科技開始深入我們的生活。電子郵件取代了紙本郵件。一連幾代人不再動筆寫一整封信。社交網路四處散播佳音，讓失聯的人重聚。有關的討論愈來愈多。地圖從汽車手套箱走上智慧手機，沒多久，我們尋路的方向感也逐漸失落，因為全球定位系統（Global Positioning System，GPS）電腦軟體可以一條街、一條街地精確指明方向。我與我的大多數友人，已經記不清我們上一次為聚會、或為聚餐而印發地圖是哪年哪月的事。

新電子系統愈來愈聰明，開始一步步取代許多人類活動。快得令人頭痛的自動電話互動服務取代了客服人員。工廠裏機器人愈來愈多，生手與半熟手的人類員工人數一天天減少，效率卻迅速提高，產品價格大幅壓低。這種現象不僅出現在美國，也出現在中國與其他廉價勞工國度；一個機器人耗用的成本，無論在上海，在斯圖加（Stuttgart），或在芝加哥（Chicago），並無差異。

就在電腦首次問世那段期間，我們開始經歷揮之不去的經濟萎縮。中產階級的工資似乎始終無法提振。美國工業開始外流，工業腹地漸遭挖空，嬰兒潮時代（按：指一九四六至一九六四年間的美國）的樂觀逐漸轉為悲觀。就連必然出現的經濟週期也似乎更加嚴峻。在一九九〇年代與二〇〇〇年代初期，美國開始出現所謂「無就業景氣復甦」（jobless recoveries）。在這些令人喪氣的年分，儘管經濟成長強勁反彈，與歷史慣例相比，就業數字與工資仍然低靡。

美國境內，隨著世代交替，新一代人會過得比父母更好的保證逐漸淪為空洞口號。而就在同時，電腦與系統開始以指數規律成長，變得更快、更小、更便宜。就連律師也開始為算程取代，我們開始擔心電腦會搶走我們的飯碗。等著吧，這一天遲早會來。

收入差距不斷擴大，經濟成長帶來的工資與財富開始大幅集中於全球頂尖百分之五的人士手中。財富金字塔最尖端百分之一的人獲利最豐，與他們的人數不成比例。

這一切並不是說，美國人的物質生活不如四十年前。今天的美國人擁有更多車輛，住的房子比過去大，享用的食物也比過去更精美、更廉價，後褲袋裏還插著超級電腦，或是iPhone或是最新版Android手機。但由於物換星移的變化吸引了我們的注意力，我們對這些實質利得視若無睹。一旦將目光轉到改變上，反烏托邦的世界觀不僅合情合理，或許還必不可免。政治人物讓我們失望，因為他們不能讓時光倒流，讓我們重溫過去美好的生活（就實質條件而言，過去的生活其實比現在更窮，更危險，人的壽命也更短）。銀行與大企業將人視為棋子一樣用著。

所以說，沒有靈魂的科技奪走我們的工作，我們的尊嚴。但我們是自主的個人，我們可以幫忙控制、影響科技。美國民眾以電子郵件向國會展開攻勢，抗議[1]〈禁止網路盜版法案〉（Stop Online Piracy Act）[2]與〈保護知識產權法案〉（Protect IP Act）[3]，就是例子。國會提出這二個法案，原本志在保護知識產權、讓線上音樂與電影更難共享。但數以百萬計平民百姓展開行動，向華府發動洪水般的電子郵件與電話攻勢，卒迫使國會議員在一夕之間立場大轉彎，從支持轉而反對這二個法案，也讓娛樂業者省了千百萬美元遊說國會的經費。

不過，反科技行動做得過火，也能喚起我們內心最惡劣的「盧德」（Luddite，按：十九世紀工業革命崛起，紡織機使許多工人失業，自稱盧德份子的英國民眾於是群起砸毀紡織機，史稱盧德事件）欲望。一些民眾以抗議谷歌財大氣粗，占領舊金山為由，在舊金山市中心區向谷歌巴士丟糞便；但這項抗議的邏輯十分薄弱。谷歌巴士可以避免汽車上路，減少汙染，紓緩塞車狀況，打擊全球暖化。向一輛谷歌巴士丟糞可以讓時鐘逆轉、降低房地產價格、讓民眾都能買得起房嗎？

二〇一六年的美國總統選戰堪稱是全國版谷歌巴士潑糞事件。支持川普的民眾主要是上了年紀的白人，他們希望回到智慧型手機以前的時代，讓他們可以更安心享用更安定、收入也有增無已的好日子。支持伯尼的民眾比較傾向自由派，大多也是白人（不過有各種年齡族群），希望時光倒流，回到過去由人民（而不是由大公司）控制政府的時代。我們見到巴黎等地出現攻擊Uber駕駛人的暴力抗議事件。如果有一天，當Uber車不再有駕駛人，要出氣也只能以機器本身為發洩對象時，我們會見到什麼樣的抗議？

科技與系統有一天可以為我們帶來難以想像的舒適，讓人生更加自由自在，但我們稍不留神，也能把它們當成出氣筒，渲洩我們的不滿。同時，誠如我在前言所述，為我們帶來無限美好前景的科技，也能導致我們的殘敗與凋零。人工智慧既是現代電腦科技最重要的突破，也是人類所曾創造的最危險的科技。值得注意的是，在過去類似時代，人類也曾成功度過這類艱難歲月，一而再、再而三從一個紀元進入另一紀元。人類在這些轉型過程中也曾歷經掙扎、衝突與錯誤，但一旦接受未來，設法控制未來，或至少針對未來做出考慮較為周詳的決定，一般來說都能成功轉型。

這正是我們面對的挑戰：如何讓社會大眾介入，做出考慮較為周詳的決定，同時找出辦法處理必然出現的社會動盪與紛擾，創造盡可能最美好的未來。

第二章

歡迎來到摩爾的世界

倫敦希斯洛機場（Heathrow Airport）停著一架線條美觀、航空迷喜歡的民航機。這架協和式客機（Concorde），是全球首架以超音速飛行的民航客機。它能不到三小時從紐約飛抵倫敦，這種幾近神奇的旅行經驗，讓投資銀行家與大商人讚不絕口。讓人感到反諷的是，協和機過去是航空業的未來，今天仍然如此。

不幸的是，所有協和式客機都已停飛。航空公司發現經營這項服務成本過高，維持下去只會造成虧損。協和機造成的音爆也引起途經社區的眾怒。這飛機太與眾不同，太美，也太奢華考究。或許最重要的是，對大多數民眾而言，它太昂貴，而且似乎也找不出什麼辦法推廣它的好處。這也正是伊隆・馬斯克（Elon Musk）開發電動車特斯拉（Tesla）時的精明之處：他的豪華車公司迅速搶攻下游，成為大眾市場業者。不過，以協和機案例而言，想完成突破、顛覆未來，必要條件顯然並不存在。雖說有人已經在嘗試（馬斯克推動的「超迴路列車」〔Hyperloop〕運輸系統，就是其中一個例子），但這些條件如今仍不存在。

還有一個故事也發生在倫敦：一九九〇年，有人創辦了一家叫做愛迪生・李（Addison Lee）的汽車服務公司，搶占萎靡不振的計程車市場。使用者可以發簡訊叫車，透過一個電腦調車軟體系統，能讓使用者不出幾分鐘，就能在市內任何地點上車。

[1]當然，這是Uber的商業模式。但愛迪生・李只在倫敦營運；它的企業層峰根本不打算進軍其他城市。

不久以前，愛迪生・李以大約三億英鎊賣給私募基金業者凱雷集團（Carlyle Group）。[2]在二〇一六年年底，Uber市值約在七百億美元左右，[3]有人預測它的身價很快就會上看千億美元，是愛迪生・李的二百到三百倍。這是因為在全球各地好幾百個城市，每個人都可以用同樣的Uber程式叫車，用同樣的信用卡付帳，而且還能享有高品質服務的合理保證。從開業第一天起，Uber就志在全球市場，愛迪生・李有同一構想，不過，從沒動過全球市場的念頭。

Uber的雄圖還遠遠不止於汽車而已。它的員工已經在考慮進一步運用他們的平台，發揮影響力：Uber不只是叫車程式而已，還是一個撮合買賣雙方的市場。從搞笑的行銷鬧劇（包括利用Uber叫一輛冰淇淋專賣車，叫一個墨西哥街頭樂隊）到真正有趣的嘗試（例如「Uber」護士進辦公室，為每一位員工注射流感疫苗）他們就在我們眼前進行各式各樣的市場實驗。Uber執行長柴維斯・卡拉尼克（Travis Kalanick）公開宣稱，一旦自駕車隊成為主流，他的服務將完全取代擁有車子的傳統。[4]至於到了那一天，今天駕Uber的那些人又將如何，仍是一大問號。

那麼，想讓任何特定經濟區塊或服務類型躍入未來，時機成熟的條件又是什麼？這類條件林林總總，變化繁多，但一般來說，躍進總在具備以下幾個條件後就會出現。

首先，必須有對現狀普遍、潛伏或公開的不滿。許多人不喜計程車這一行（就算我們往往也會讚美個別駕駛人），駕車進城或在城裏打轉的經驗也讓我們大多數人深惡痛絕。沒有人對教育系統完全滿意。儘管我們或許喜歡我們的醫生，認為醫療系統做得不錯的人卻少之又少。令人毛骨悚然的統計數字（據了解，美國境內醫療失誤致死，是造成意外死亡的第三高成因）可以證明這個觀點。沒有人會像愛用蘋果產品、愛吃班傑利（Ben & Jerry's）冰淇淋一樣，喜歡我們的電力公司、我們的手機供應商、或我們的有線寬頻公司。在所有這些不受歡迎的機構與業界背後，都有繁複的規章、半壟斷的專營權（往往經政府認可）、或稀缺資源（例如無線電頻譜、勳章、許可證等等）的擁有權、以及政治影響力強大的特殊利益層層糾葛。

這種不滿是最根本的必要條件。接下來還有科技上的必要條件。我們今天面對的一切重大（恕我直言，也是顛覆）改變，歸根究柢，都難免溯及摩爾定律（Moore's Law）。根據這項經常為人引用的定律，半導體晶片上集成的電路數目每隔十八個月增加一倍。你手裏的iPhone或Android手機，運算速度比幾十年前的超級電腦快得多，數量級

（orders of magnitude）也比美國國家航空暨太空總署（National Aeronautics and Space Administration，NASA）在阿波羅太空船（Apollo）任務期間送太空人登月時使用的電腦快得多，原因就在於摩爾定律。

新科技顛覆社會與人類生活是個老故事。農業、火藥、鋼鐵、汽車、蒸汽機、內然引擎與載人飛行，都迫使人類全面改變，讓人類改變生活、飲食、賺錢方式，使人類為奪取資源而相互爭戰。不過這一次，以摩爾定律領銜的改變與創新，目的在造成指數規律的成長。

環顧我們即將討論的各種關鍵領域（醫療衛生、交通運輸、能源、食品、安全與隱私、工作、政府）凡暴露於科技的每一領域都將因電腦成本迅速降低而出現驚人變化；換句話說，沒有一個領域能倖免。將各種裝置連線的所謂「物聯網」（Internet of Things，IoT），以及溝通實體與虛擬世界的一種新網路，都以感應器為骨幹，而已經很廉價的感應器，成本正不斷降低。我們世界愈來愈多的層層面面，正與軟體、數據連線與手提電算等所謂「科技三合會」（technology triad）融合，促成顛覆性科技的改變。

這種改變還造成另一效應：任何離散、模擬的工作，只要可以聯網數位化，就會聯網數位化，就連我們長久以來一直認為機器人或電腦做不到的工作也不例外。機器人不久會變得像人一樣，而且會像人一樣做事。

相當一部分人工智慧專家認為，機器的智慧行為要達到這樣一種程度還需再等幾十年。還有許多專家在談到這個問題時，會經常引用最樂觀科技人、著名發明家雷・庫茲威爾（Ray Kurzweil）寫的一本書。庫茲威爾在《人工智慧的未來：揭露人類思維的奧祕》（*How to Create a Mind: The Secret of Human Thought Revealed*，按：繁體中文版由經濟新潮社出版）一書中斷言，「資訊科技的基本評估，遵循的是可預測軌跡與指數型軌跡」。[5]他稱這項假定為「加速回報法則」（law of accelerating returns）。[6]前文討論過的摩爾定律，就是我們最熟悉的一種這類軌跡。但對於即將在我們有生之年出現的另一種、呈指數成長的關鍵曲線（從現有網際網路、以及今後透過物聯網可以取用的數位資訊）我們所知甚少。庫茲威爾用「網際網路每秒傳輸的位元數」評估這種曲線。根據他以及思科系統（Cisco Systems）等其他業者的評估，網際網路傳輸的資訊量大約每一點二五年增加一倍。[7]身為人類的我們無法追蹤所有這些資訊，甚至就連從哪裏下手我們也摸不清頭腦。與前數位時代相比，我們現在一天之內創造的資訊，比過去幾十年、甚至幾世紀創造的資訊都更多。

一項每個人都需要了解關鍵的必然結果是，任何科技一旦能用資訊科技處理（亦即電腦化），就成為加速回報法則應用的對象。舉例來說，由於人類基因組現已轉換為電腦處理的位元，基因組學已經是一門實質資訊科技，從而成為加速回報法則應用的對象。當生物化學家與遺傳學家克萊格．范特（J. Craig Venter）領導的團隊宣布，說它已經有效解密百分之一的人類基因組時，許多不看好的人大澆冷水，說進度太慢。庫茲威爾卻說，范特的團隊實際上已經成功了一半，因為根據指數成長曲線，從百分之零點零一到百分之一需要的時間，與從百分之一到百分之百需要的時間一樣。

將這種法則運用於真實世界的問題與工作，往往比看起來更加直截了當得多。許多人說，電腦永遠不可能擊敗世上第一的棋藝大師。庫茲威爾估算，在一局棋賽中，電腦需要計算棋盤上十萬種可能的走法，而且得在幾秒鐘內迅速而不斷的計算。一旦跨越這道門檻，電腦可以擊敗人。庫茲威爾根據摩爾定律計算門檻，打賭電腦可以在大約一九九八年跨越曲線，擊敗棋藝大師。他賭贏了。

很顯然，在棋盤上擊敗人類是比較確定的運作。相形之下，想完成人工智慧躍進、讓電腦在所謂一般智慧上比人更聰明，不僅與棋賽取勝的性質大不相同，複雜度也高得太多。也因此，電腦還要多久才能躍入擁有超人智慧的境界，仍是未知數。

不過，科技變化腳步加速卻是不爭之實。工業革命前後持續了幾近一百年。個人電腦出現迄今四十五年，依然無法滲透全球。智慧型手機只用了一半時間，已經接近全面滲透。（或許這不重要，但我注意到，平板電腦在已開發世界的普及腳步，甚至比智慧型手機還要快。）

研究人員、非政府組織、經濟專家與商界領導者已經達成一般共識，認為智慧型手機已經改變了每一個人的世界。

他們有這種共識的原因不難理解。在一九八〇年代，行動電話（無論什麼行動電話，智慧型手機更不必說）仍是一種了不起的奢侈品。今天，非洲與印度的貧窮農人將智慧型手機視為一種核對市場價格、與買家以及運輸業者溝通的普通工具。這種工具為他們的人生帶來豐富資訊。他們過去使用早期的行動電話與遠方親友連絡，現在除了這些便利以外，他們還能透過智慧型手機聽取遠方醫生的建議，在選擇市場以前先核對鄰村的價格，匯錢給親友。在肯亞，數以百萬計過去除了以物易物，不能參與經濟的民眾，現在透過M-Pesa網路進行行動支付，已經有效跨過傳統銀行系統，創造了一種流暢無阻的交易與支付系統。[8]

智慧型手機的價格遵循摩爾定律的曲線不斷下滑，低到就連拉哥斯（Lagos）這類雖說繁榮、但仍然非常貧窮的非洲國家首都也幾乎人手一支。彼得・迪亞曼迪斯（Peter

H. Diamandis）在他的《富足：解決人類生存難題的重大科技創新》（*Abundance: The Future Is Better Than You Think*）書中指出，叢林裏的馬賽族（Masai）戰士靠這些手機取得的資訊，比二十年前美國總統取得的資訊還要多。[9]而且這股潮流還不過處於初階段罷了。以二〇一七年美國市場上的iPhone與iPad智慧手機與平板電腦為例，不出五年，售價將跌到三十美元以下，世上除了最窮的人以外，人人都能與超級電腦連線。到二〇二三年，這些智慧型手機的運算能力將比我們人腦還強。*（這可不是筆誤，依照電腦進步的速度來算，iPhone 11或iPhone 12的運算能力會比我們人腦還強）

電腦運算能力能自我增長，至於無窮無盡。有了更廉價、更快的晶片，我們就能以

* 這倒不是說智慧型手機將取代我們人腦。半導體與現有軟體直到目前為止，還沒有通過「圖靈測試」（Turing Test，要一個電腦裝成人的模樣、讓人誤以為這個電腦是人的測試），要電腦像人一樣具備語言、邏輯、駕駛與簡單解決問題能力等通才，就更加難以指望了。機器人可以很有效率地駕駛一輛車，但直到目前為止，要它們做一些似乎簡單得多的工作，例如要機器人將一籃洗好的衣物摺疊，但它們卻做不到。摺疊衣物的過程造成各式各樣、不斷變化的面，讓電腦無法理解，但對人來說，這根本是無須思考也能辦到的工作。

更低的價格取得更快的運算能力，從而擁有更佳的研究工具與生產科技。而這一切回過頭來，也加速了電腦研發的過程。不過，到了今天，如前文所述，摩爾定律不僅適用於智慧型手機與個人電腦，也適用於其他一切。改變一直就是常態，事情永遠在變；但我們從未經歷過腳步這麼快、出現在這麼多面向的改變：在能源方面，我們走向再生能源；在醫療保健方面，我們走向數位醫療紀錄與合成藥品；在銀行方面，一種叫做「區塊鏈分布式帳本系統」（blockchain distributed ledger system）的科技正逐漸崛起，準備埋葬金融系統不透明的程序。*

值得注意的是，摩爾定律問世已經滿五十年，我們也即將走到將晶片縮小的極限。畢竟，就算再小也不能比一個原子還小。不過英特爾（Intel）與ＩＢＭ已經都說，他們可以繼續堅持摩爾定律的翻倍目標五到十年。也因此，到二〇二〇年代，筆記型電腦使用的晶片運算力一定可以趕上人腦，但在那以後，摩爾定律可能走入歷史塵煙。

摩爾定律過後，情況又將如何？誠如庫茲威爾所說，摩爾定律不是電腦世界的一切與終極；無論英特爾與ＩＢＭ能用晶片做出什麼成果，電腦運算科技將繼續進步。摩爾定律本身也不過是電腦運算科技五種範式（電機、迴路、真空管、分離式電晶體與積體電路）之一而已。自地球開始進化起，科技一直以指數規律成長，電腦運算力量也突飛猛進：從一八九〇年美國在人口普查時使用的機械計算裝置，到二次大戰破解納粹「謎」（enigma）密碼的裝置，到CBS真空管電腦，再到第一次太空探測火箭升空使用的電晶體電腦，以及近年出現的積體電路個人電腦。

在科技以指數規律成長的情況下，事情一開始進度非常緩慢，但隨後腳步愈來愈快。每一種新科技沿「S曲線」而進（首先以指數規律突飛猛進，之後科技達於極限，開始不再成長）。一種科技走入尾聲，下一種範式代之而起。過去事情一直就是這樣發展的，一種新電腦運算範式將應運而生，取代摩爾定律，原因就在這裏。

許多新科技現在已經出現，圖形處理器（graphics-processor unit）就是其一。圖形處理器使用平行計算，大幅增加成效，它不僅可以用於圖形，還可以用於構成人腦結構的神經網路。此外，研發中的3D晶片也能將晶片層層包裝。IBM與美國國防先進研究計畫局（Defense Advanced Research Projects Agency，DARPA）正在研發有認知

＊區塊鏈是一種幾乎不能造假的數位帳本，可以用來記錄出生與死亡證明、結婚證書、地契與所有權憑證、教育學位證書、醫療紀錄、合約、選票等等任何可以數位化的東西。這套科技已經有許多應用實例，比特幣（Bitcoin）就是其一。

能力的電算晶片。砷化鎵、奈米碳管與石墨烯等新材質，也展現了取代矽的極佳前景。而且還有一種最讓人感到興趣、同時也最嚇人的科技：量子計算（quantum computing）。

今天的電腦將資訊分解為「1」或「0」，量子電腦使用量子位元（qubits），運用量子重疊與糾纏的現象，將資訊的各種可能一併處理。今天的電腦得花幾千年才能完成的計算，量子電腦只需幾分鐘就能完成。

推動科技、改變我們人生的電腦處理器愈來愈快、愈來愈小、愈來愈便宜。它們在一開始沿著新「S」曲線前進時，有時速度也會暫時緩下來，但科技前進的腳步不會停。這種科技進步讓我覺得好像在坐雲霄飛車。雲霄飛車忽上忽下，讓我興奮、讓我失望，往往還讓我恐懼不已。但飛車之旅才剛開始；好戲（還有慘劇）就在後頭。

我們真的已經做好迎接這一切變化的準備了嗎？還有，更重要的是，我們該怎麼做才能掌握更多選項，更有效、更明智地控制、運用科技？

第三章

改變如何影響我們個人，我們的選擇何以重要

想像未來有一天，職業不再存在，但我們活得很健康，我們的人生也很有建樹。我們有舒適的房屋，可以在房裏「列印」所有所需食物、以及我們的電子與家居設施。我們想到什麼地方去，就在一個手機程式上按個鍵，一輛沒有駕駛的車就會出現，帶我們前往目的地。我以上說的，是一個能源、食物、教育與醫療資源幾乎無限，每個人的物質生活都不虞匱乏的時代。

你還可以用另一種方式觀察這個未來：它是一種大失業時代，醫生、律師、服務生、會計師、建築工人，你可以想得到的其他每一種工作都由機器取代。你沒有那種想去哪裏、就開車到哪裏的自由，而得靠機器人載你到你想去的地方。駕車兜風那種快感，以及工作賺錢的那種滿足感都成為過去。

有人會以正面眼光看待這些可能出現的變化，但也有人會為這些變化嚇破了膽。無論怎麼說，這樣的未來已經不很遙遠。

這樣的未來有許多新風險。我們已經逐漸不保的隱私會成為過去（因為就像今天的智慧型手機一樣，自駕車會追蹤我們所到的每一角落、我們所做的每一件事。我們整個人生都會記錄在數據庫），只要一睜眼就躲不開紀錄。我們會讀到由於駭客用搖控手段劫持汽車、飛機、直昇機，導致政治人物死亡或重傷，引爆一場國際危機的報導。我們今天心目中的學校將不復存在，因為我們都在家裏備有數位教師。你認識的人會遭人盜竊DNA、指紋、聲紋、甚或步法，或許你就會碰上這種事。人與機器開始融為單一實體，我們再也無法畫清兩者之間的界線。

不過這樣的未來也有非常光明的一面。與今天你的醫生對你的身體狀況所知相比，未來的你對你本身醫療狀況的掌握強了一千倍。而且所有這些知識都來自你的智慧型手機。由於先進醫療能讓你遠離疾病肆虐，你會比現在指望的長壽得多。你幾乎不需支付分文電費。你會用3D印表機造你的房子，或一個代用腎。

你的孫輩會在化身教導下，享有好得令人稱奇的教育，全世界每一個國家的孩子也都能享有同樣好的教育。世上不再有貧窮。我們將有足供每一個人使用的清水。我們不再為了石油而打仗。街上不再有交通號誌，因為機器人駕的車不需要燈號！當然，也不會再有違規停車遭開罰單這種事。最好的是，你會有比現在多得太多的時間，做你想做的事：藝術、音樂、寫作、運動、烹飪、上各種才藝班，整天做白日夢也成。

電腦運算能力與網際網路帶來的早期顛覆，為我們提供電子製表、文字處理、電子郵件與行動電話等等工具，讓我們以更快速度做我們一直在做的工作。但醫療、教育、運輸與工作方面的長足進步仍然可望而不可及。此外，網際網路雖能讓我們取用大量資訊，對我們的智慧卻一點助益也沒有。舉例說，Kayak.com能讓我搜尋複雜旅途的各種航班，但直到今天，還沒有一個產品能告訴我，哪一條路線最能滿足我的特定需求與偏好。也因為這樣，我仍得向非常聰明的真人旅行經紀求助。旅行社如今雖說似乎已經過時，但高價位業務仍然熱門。（沒錯，由於高價位旅客需要高度個人化的服務與真正專業的指引，旅行社仍然存在，而且生意還相當好）

現在事情變得更快了；新科技從問世到達到規模普及所需時間不斷縮短。美國從第一個調幅（amplitude modulation，ＡＭ）電台播音到全國普及，花了大約二十年。錄影機的普及同樣花了大約二十年。個人電腦的情況也差不多。不過，網際網路已使普及腳步加速。

以YouTube與網路影片搜尋為例。YouTube創造的典範轉移（paradigm shift，另譯範式轉移），重要程度媲美ＶＨＳ錄影機（按：磁帶式家用錄影機，使用的錄影帶為ＶＨＳ〔vertical helical scan的縮寫〕，俗稱「大帶」。另一種錄影機系統使用的錄影帶為Beta，俗稱「小帶」）與收音機；網路影片搜尋讓搜尋焦點從文字與靜態圖像轉移到影片與更生動的內容。為服務線上網路影片，一整套嶄新的經濟（從提供內容的網路到廣告網路，到專為YouTube而設的新製片系統）應運而生。它們還創造了一種新專業，俗稱網紅（活躍於線上影音的網路紅人），其中有些網紅一年能賺幾百萬美元，經常環遊各地做廣告。二〇〇五年創辦的YouTube花了十八個月達到規模普及。科技創新腳步竟能如此驚人加速，為其他許多可以數位化的科技造成廣大衝擊。

要提供更智慧的見識，要將軟體與我們生活中其他部分的硬體輕鬆無礙地連線，需要強大的電腦運算速度，而這正是過去的創新欠缺的重要關鍵。簡言之，高速電腦運算難求，昂貴；無線連結有限而稀少；而硬體也是奢侈品。但這一切都在二十一世紀出現變化。

在二〇〇〇年代中期，我們對數據與通訊世界的看法因寬頻網際網路而出現變化。語音通訊很快成為一種商品服務。在網際網路初期，我們付費購買緩慢的撥號連線，將它視為收發電子郵件的工具。今天在美國境內大多處，寬頻連線已經普及。

就算這樣也似乎不再足夠。今天，五年前建立的無線通信網路已經進展到4G/LTE（即第四代長期演進技術）連線，我們發現使用3G網路太慢。特別是在人口稠密地區，就算4G/LTE也似乎慢得令人難以忍受，我們對密蘇里州堪薩斯市（Kansas）這類社區欽羨不已，因為谷歌已經為當地數以千計住戶設置平價收費、風馳電掣的高速連線。

幾乎無所不在的數據以相對較高的速度連線，已經是近在眼前的事實。在物質充裕的世界，差不多每個地方都有Wi-Fi，而且速度還會大幅增加。一些新計畫，例如谷歌的「潛鳥計畫」（Project Loon，使用高空氣球），準備在平流層氣流上方設置攜帶無線網路裝備的高空氣球，用星羅棋布的氣球建立更高速連線。這些計畫能填補連線空隙，讓還沒有建立寬頻的非洲、拉丁美洲與亞洲地區數十億居民也能享用高速連線之利。

在強大軟體、數據連線與廉價手機等所謂「科技三合會」推波助瀾下，其他一切可以連線或數位化的東西也將進一步創新，從而至少在我們可以接受的範圍內，改變我們的生活方式。

每一項影響我們生活方式的重大科技變化，從火藥到鋼鐵，到內燃引擎，到電的崛起，都需要信念上的躍進，都需要大規模擺脫過去。汽車用著火就會爆炸的汽油做燃料，靠充滿氣體的黑色橡膠圈奔馳，乘坐在這種跑起來搖搖擺擺的車輛上長途旅行，萬一出什麼狀況，想想後果還真嚇人！但人們很快克服對汽車的恐懼，開始努力改善車輛的安全與可靠性。

我不再看電視了，因為上YouTube（或網飛〔Netflix〕）就能觀賞所有我要看的節目。只要選一個網路影片或一個網頁，就能找到我想了解的任何主題。我由於擔心漏掉新聞，在經歷好一番掙扎之後，才終於決定不再續訂有線電視，但透過超高速網際網路連線，我找到比電視更好的資訊來源。我做了那個信念上的躍進，沒有再回頭反顧。

沒錯，想熱忱擁抱、甚或只是勉強接受即將出現的新科技，會需要心理上很強悍的信念躍進。那不會像決定不再續訂有線電視那麼簡單。讓谷歌開車把你的孩子送到學校？相信一個外科手術機器人，讓它進行腫瘤切除或提供重要診斷？為治療一種病，讓醫生永久改變你本身的DNA？讓電腦教育你的孩子，教他們彈鋼琴？讓機器人攙扶你的老父老母，走進滑溜的浴缸？在今後十到二十年間，這些都將是我們經常面對的決定。隨著科技進步加速，世界從「模擬」（analog）走入數位，從「濕體」（wetware，人腦）走入軟體，從自然走入超生物與超自然，一切事物出現得也愈來愈快。這是非常、非常大的轉變；而且它的來到，比我們預期要快得太多。我們每個人都需要捫心自問：哪些改變我們願意接受，願意加以影響，使其加速，使其減緩，或使其全面停擺。有一點可以確定：你得在比過去更短的時間內打定主意，而且我們也知道，突如其來或不請自來的改變，會造成極度顛覆的後果。

調適改變決不簡單，有時還會讓人非常痛苦。但我希望你能憑藉對未來的思考，遠離環境犧牲品的泥沼，走入亂哄哄的民主社群，成為引導科技變化的選民；希望你能以評選人或領航者的身分、而不是以過客的身分面對科技變化。

我們的選擇何以重要

既然人類命運的問題，應該由我們政府與商界領導者等其他人來擔心，又何必讓你來操心？原因是，他們並不擔心人類命運，至少擔心得不夠，而且方式也不對。

科技公司設法為物聯網建立標準；科學家嘗試為人類基因組編輯訂定道德標準；美國聯邦航空管理局（Federal Aviation Administration，ＦＡＡ）的決策者，也在草擬無人機管理辦法。但他們的眼光都鎖定在狹窄領域上。極少人願意綜觀全局，因為全局亂成一團，無法用簡單模型進行評估分析。有這麼多科技同時呈指數型成長，想看清整體發展真是談何容易。繼續閱讀下文，你就知道每一種科技都能僅憑一己，就將我們壓得喘不過氣。

順帶一提，我不怪我們的決策者與政界人士。畢竟，法律是條文化的道德規範。而道德是社會往往經過許多世紀、長期衍生的一種共識。而在許多這類非常新的議題上，我們的社會還沒能達成任何共識。

另一方面，隨著科技不斷進展，我們的法律、治理與道德架構上的缺失，也愈來愈嚴重。無人機操作者在什麼情況下，才構成窺人隱私，而不是單純的意外侵犯？研究人類基因的科學家在什麼時候，才算逾越治療領域、跨入優生？我們需要專家為決策者獻策。但最後的責任還在於我們：我們要告訴決策者，法律應該有什麼內容，要將我們對飛速變化的世界中，怎麼做才合乎道德規範的看法告訴決策者。

第四章

如果改變可以解決一切，那麼問題又是什麼？

科技追求的是社會的寬恕，而不是許可。

今天與過去的科技轉型有一項重大差異，就是今天的科技進化腳步太快，現有規範、法律與政治架構根本來不及吸收與反應。重覆早先提出的觀點：這是一個摩爾定律的世界；我們就活在這樣的世界。

顛覆性科技（disruptive technology）並非全然新奇。在「強盜貴族」（robber barons，按：指十九世紀末，靠剝削致富的美國資本家）時代，美國早期資本家就懂得不先徵得政治許可而修築鐵路。直到不很久以前的個人電腦革命期間，公司員工事先不向公司資訊科技部門報備，就帶著他們自己的電腦上班。真正新奇之處在於，在今天這場科技革命中，愈是精明的公司，愈能利用強大軟體、數據連線與廉價手機的「科技三合會」，在其他人有所警覺、設法制止他們以前抓住顧客、營造衝力，造成規範與系統顛覆。

二〇一〇年，Uber在美國國會議員與州長陣營中幾乎一點影響力也沒有。但到了二〇一四年，儘管Uber在許多這類政治領導者的選區仍屬非法，它在國會的市場占有率已經高達驚人的百分之六十。[1]堪稱**規範性**顛覆的經典。Uber、Airbnb與Skype這類公司運用一種由下而上的做法，讓那些掙不開傳統包袱的業者，幾乎不可能透過商業或法律手段，擊敗他們的新營業方式。

事實上，今天美國市面上大多數以智慧型手機為平台的醫療保健程式，從若干方面而言，都迴避了美國食物與藥品管理局（Food and Drug Administration，FDA）繁複的批准程序。一項應用程式與感應器，只要以病患參考工具、而不以醫療用品的名目出售，就不需規範當局審批。不過這些應用程式與附件正逐漸取代真正醫療診斷與檢驗。

創新業者的前進市場之路，並非全無阻礙。新創業者23andMe向民眾推出的基因測試工具立即遭到FDA查禁，不過FDA之後局部修正它的決定。[2]主要因為計程車業者興訟，Uber也一直在德國與其他國家打著規範之戰。[3]但由於能在特定領域為民眾帶來巨大便利，這二家公司都廣獲民眾支持，要禁止它們的服務幾乎已經辦不到。

公司還巧妙運用它們在厚植客戶基礎的過程中學得的技巧，發動草根政治運動，讓就算是根底雄厚的政治對手也難以抵禦。在華府市議會準備投票、禁止Uber時，Uber要求使用者挺身而出。幾乎就在一瞬間，數以萬計電話與電子郵件湧入，讓市議會總機與伺服器當機，也向議員們表達了一個明確訊息：禁止Uber可能遭致嚴重政治後果。

這些公司使用的手段，就是教育、動員使用者，要使用者告訴政治領導者他們要些什麼。這是創新理當遵循的過程。

白宮前法律顧問普里塔・班沙爾（Preeta Bansal）說：「必須是這樣才對，因為，套用甘地的話，最好、最合理的法律是『編成條文的道德』（codified ethics）。」[4] 法律與道德標準是社會眾人接受的準則，要訂定這種準則，社會必須先有一種共識。

以版權法的發展為例。印刷術的出現導致版權問題。[5] 印刷術在十五世紀問世時，對政治與宗教菁英是一種顛覆性科技，因為它讓知識散播，讓實驗為人分享。它使清教徒的著作廣為流傳，從而促成神聖羅馬帝國式微；它造成文化自覺意識高漲，促成民族主義與民族國家；最後導致文藝復興。在有關理念所有權的辯論爭執了約三百年之後，英國通過第一部版權法。

同樣的，十八與十九世紀蒸汽機的發明、鋼鐵的量產、以及鐵路的修建也導致無形財產權與合約法。這些法律的根據，是法庭針對鐵軌通過的不動產、對牲畜與員工造成損失的侵權責任、以及國家徵用權（eminent domain，國家為發展公用事業而強制徵收的權力）做成的判例。

美國的法律與道德慣例是經過幾世紀演變而來的結果。今天，科技以指數曲線飛速成長，影響每一個人、每一個角落。過去耗費幾百年才能完成的大規模變化，現在不出幾十年、有時短短幾年就出現了。不久之前，臉書（Facebook）是學生宿舍流行的約會網站，擁有手機是巨富的象徵，無人機是價值數百萬美元的戰爭機器，半導體是政府祕密研究的專案。今天，玩家能自製無人機，就連印度鄉村的窮人，也拿著運算能力比幾年前超級電腦還強的智慧型手機使用臉書。

你必須介入的道理就在這裏。只有透過集體力量累積群智，才能幫我們的國會議員訂定引領改變的好政策。了解事情癥結所在、探討解決辦法的途徑很多。我在這裏提出三個問題，你可以用它們判斷哪些科技將改變我們的人生。

三個可以問的問題

我去年在墨西哥奇瓦瓦州（Chihuahua）蒙特雷科技大學（Tecnológico de Monterrey）一個創新研討會任教時，曾經問研討會學員：「讓醫生改變孩子的DNA，讓孩子跑得更快、記憶力更強，合不合乎道德？」全班學員都說這樣不道德。

於是我又問：「如果醫生改變一個孩子的DNA，為的是根除一種將致那個孩子於死地的疾病，行不行呢？」班上大多數學員說，如果這樣會是一件好事。事實上，即便用意不同，這二個案例是同一回事。

我所以舉這個例子，在於強調一件事：先進科技往往既能幫我們做我們心目中的好事，又能做我們認定不道德的壞事。我們必須判斷它為善的潛能，是否超過它造惡的潛能：這是我們面對的挑戰。經過與好友和專家不斷討論與思考，我訂出一套透鏡，或濾網，以便我們在評估新科技對社會與人類的價值時進行觀察。

歸根究柢，這套觀察工具是三個與公平、風險與自主有關的問題：

一，這些科技有沒有公平造福每個人的潛能？

二，它有什麼風險與報酬？

三，這些科技更能促成我們自主，還是造成我們依賴？

在衡量新科技的得失利弊時，應該方方面面考慮周全，以上三個問題當然不能整體涵蓋。但就像坐進一輛自駕車（無須多久，我們的車都將成為自駕車）的駕駛人一樣，想從氾濫的數據中脫穎而出，看清情勢，我們就得限制、簡化納入考量的資訊，做出決定、塑造我們的看法。

為什麼是這三個問題？

首先，且讓我們回顧一下前文所提，美國、英國與德國等國選民的憤怒。然後，想一想科技正在創造的那種「無就業」（人類完全失業）的未來。如果每一個人的需求都能滿足，失業引起的社會與心理議題是可以處理的。無論怎麼做，這類議題處理起來都不簡單，但至少不會有人因迫於生死存亡、而做出不計一切後果的事。我們可以營造一個具有新價值觀的社會：或許是一種滿足感來自教育與助人，來自音樂與藝術領域成就的新社會。

接下來是科技的風險。就像我在蒙特雷科技大學的那些學員一樣，大多數人都認為運用基因編輯科技、根除遺傳惡疾是一件好事。但改變人的基因，讓人更聰明、長得更漂亮、體力更強呢？如果成本差不多，為什麼只做一項改善，而不一舉完成多項改善？我們不會知道界線應該畫在哪裏，而且風險會呈指數型迅速增加。因為這畢竟是新科技，我們不知道它的副作用與長期後果。萬一我們搞砸，造出怪物，萬一我們把身為人類必備的不完美刪除了，又將如何？

然後談到自主。我們當然不希望新科技有一天變得像娛樂性藥物一樣，讓我們沉溺、依賴。我們要更大的自主權，我們要根據自己的願望過日子，實現我們的潛能。

這三個問題相互糾結。不會有黑白分明，只有似是而非、似非而是的灰。我們大家都必須了解這些議題，提出我們的看法。

我們將在以下幾章運用這些問題、透過個案研究方式，觀察研發中或已經普及的相關科技。

你準備好了嗎？

第二部　科技能公平加惠於每一個人嗎？

第五章

人工智慧崛起，讓人又驚喜又害怕

許多使用iPhones的人會跟Siri講話。Siri是iPhones的人工智慧助理。Siri能答覆許多用簡單英語、口頭提出的基本問題。舉例說，她（或者也可以選擇他）能告訴你今天的日期；告訴你舊金山巨人隊（Giant）職棒下一場賽事在哪一天開打；告訴你最近的披薩餐廳在哪裏。但Siri雖說看起來聰明，她有很明顯的弱點。除非你把令堂大名告訴她，或在蘋果的連繫程式中特別指明關係，否則Siri不會知道令堂是誰，對你希望和令堂通話的要求，也不會有反應。Siri讀過、而且還可能了解我發的每一封電子郵件、我打的每一通電話、我傳的每一個簡訊，但不知道家母是誰，這樣來說，她一點也不聰明。你如果想知道避開塞車、早些回到家的最佳途徑，Siri也幫不上你的忙。

那倒沒問題。Siri雖說能力有限，毫無疑問也很有用。我不再需要在鍵盤上打字，尋找距離最近的加油站，或為今年母親節在哪一天的事傷腦筋。Siri能記住奧克蘭（Oakland）所有披薩餐廳的地址，記住昨晚每一場棒球賽勝利與敗戰投手的名字，還能告訴我我最喜歡的電視節目下一集播出的時間。

Siri是科研技術人員所謂「弱人工智慧」（narrow AI）的範例：它有用，能夠與人類互動，而且具備若干智慧的特點，但絕對不會有人誤把它視為人。在科技業，也有人將它稱為「軟人工智慧」（soft AI）。一般來說，在非常特定的工作範圍，弱人工智慧做得比人好。舉例來說，我就記不清前一晚每一場大聯盟棒球賽勝利與敗戰投手是誰。

弱人工智慧現在已經深入我們日常生活的許多層面。將電話轉到航空公司支援櫃台的自動語音電話系統，以及亞馬遜（Amazon）與Spotify的推薦引擎都是弱人工智慧。谷歌地圖令人稱奇的路線建議（以及為避免塞車而做的中途修正），就是典型的弱人工智慧。在從複雜的數據庫取用資訊的工作上，弱人工智慧系統做得比人好得多，不過它們的能力特定而有限，而且也不能有創意的思考。如果你要Siri替令堂找一件十全十美的情人節禮品，她或許能給你調皮的答覆，但不會真正思考這個問題。如果你要她幫你寫「拿破崙戰爭」（Napoleonic Wars）期末論文，她也幫不了你。

不過，無需多久，Siri以及其他市面有售的人工智慧系統，就能幫你的孩子寫拿破崙戰爭期末論文、或憑空寫一篇文章了。Siri與類似系統將擁有創造音樂、詩歌與藝術的能力。事實上，它們已經在學習怎麼做這些工作了。

二〇一一年九月，在西班牙的馬拉加（Malaga），一個名叫「伊亞穆斯」（Iamus，按：這個名字源出於一位能聽懂鳥語的希臘神）的電腦，用傳統音樂符號寫了一首單簧管、小提琴與鋼琴三重奏曲，曲名〈你好，世界！〉（Hello World!）[1]伊亞穆斯用的是「旋律基因組」（melomics，即來自旋律的基因組之意，能以一種漸進式做法，一步步學習作曲）軟體系統。就像人類作曲家必須學習前人經驗一樣，伊亞穆斯這個有自主能力的人工智慧作曲家，也學習了許多世紀以來眾多樂曲與數位樂譜。

伊亞穆斯的程式人員用了幾年時間，將作曲的各種核心規則（例如超過五個音的鋼琴和弦，不能用單手彈奏）告知這個系統。程式人員使用人類編碼與機器學習（machine learning，一種重要的電算概念，它運用算程學習規則，並根據既有數據營造複雜的系統模式）雙管齊下的辦法，作到這一點。深究伊亞穆斯的核心，音樂就是數據，而音樂家就是數據的詮釋者。

據伊亞穆斯的程式人員表示，已經將大約一千條規則灌入系統，協助這個電腦寫出美麗的歌曲。但他們強調，創造伊亞穆斯的目的不在於取代作曲人，而旋律基因組系統也只是一種可以提升與加速創意的工具。使用這種系統以後，作曲人在作曲過程中可以改變規則，或將一種算程導入新方向，不必費盡千辛萬苦，一個一個音符地作曲。同樣令人興奮的是，只需運用一個簡單介面，在電腦指引下，任何人都能用旋律基因組系統作出美麗樂章。

終有一天，強大的電腦系統（像是服用類固醇的Siris）能以有創意的方式進行推理，解決困擾人類的數學與物理問題。這類系統能將輸入端合成，得出類似原創的作品，或在沒有特定規則或指導的情況下解決非結構性問題。這種更加強大的推理能力即是所謂「強人工智慧」（artificial general intelligence，ＡＧＩ）或「硬人工智慧」（hard AI）。

從「強人工智慧」再往前邁進一步是「超級人工智慧」（artificial superintelligence），也就是科幻小說裏那些仍然非常遙遠、非常瘋狂、我連想都不敢想的東西。在超級人工智慧的時代，電腦會比人還聰明。不過我現在只想專心討論今天的人工智慧，就是弱人工智慧，也就是即將改變我們人生的那些實際的東西。事實是，無論專家怎麼說，沒有人真正知道人工智慧長久以往會變成什麼樣子。

人工智慧如何影響我們的人生，還有奪走我們的工作

先從我們的身體開始。ＩＢＭ的人工智慧科技「華生」（Watson）已經在美國電視益智節目《危險》（*Jeopardy*）上擊敗群英。同類型人工智慧即將監控我們的健康數據，預測疾病，為我們提供如何保持健康的建議。ＩＢＭ的華生現在已經學會腫瘤學一切先進學術，診斷癌症的本領比人類醫生更高明。[2]華生與它的競爭對手很快就能精通

所有其他醫學領域，為我們提供比醫生所能提供的更好、更全面的建議。

人工智慧科技還能分析數以百萬計病患的不斷流動的數據，分析他們服用的藥物，以判定哪些藥真正對病患有療效，哪些藥造成副作用、引起新病症，哪些藥有療效但也有副作用。這種判斷能力會造成藥品測試與處方流程的轉型。在獨立研究人員操控下，這類數據將使製藥工業更上一層樓，因為今天的製藥業者僅憑有限臨床實驗數據工作，而且往往有意忽略對他們不利的資訊。

對醫生而言，壞消息是，我們不再需要那麼多醫生了。著名創投資本家維諾德・柯斯拉（Vinod Khosla）估計，科技會汰除百分之八十的醫生。[3]但幾乎一切需要人的判斷、需要略有創意的問題解決技巧的行業，同樣也將面對這種失業風險。

人工智慧的醫療判斷已經在取代人類醫生的判斷了。[4]

另有一個或許你沒想到的行業，也面對這種失業風險：律師。不過幾十年以前，一般認為，只要取得法學位在美國就可以安享中上階層生活無虞。但今天美國的年輕律師為找工作而掙扎，薪酬也毫無起色。過去初級律師擔任的許多工作，從合約分析到文件披露，已開始遭人工智慧迅速迅速篡奪。

舉例來說，賽門鐵克（Symantec）就已經推出名為Clearwell的軟體產品，可以做法律文件披露（legal discovery）。法律文件披露是一種費時耗力的流程，你得從一箱一箱文件、成堆的電子郵件、與訴訟人提出的其他呈堂證供資料中進行篩檢。這類工作過去需要聘用眾多初級律師（junior lawyer，按：又稱業務律師）才能完成。Clearwell的成效比初級律師好得太多，整個初級律師這一級開始走入歷史。

百森大學（Babson College，知名的創業教育學院）特聘教授湯瑪斯・戴文波特（Thomas H. Davenport），在《華爾街日報》（*The Wall Street Journal*）寫了一篇〈讓我們把所有的律師全部自動化〉（Let's Automate All the Lawyers）的專欄文章：

> 還有各式各樣其他智慧系統，可以包下其他許多法律工作。舉例說，有一種系統可以從合約中找出關鍵條款。還有一種系統能判定你的智慧財產權案子有多少勝算。另有些系統能預測司法判決，能建議稅務策略，能解決婚姻財產爭議，能為重罪做判決建議。當然，沒有一個系統可以包下所有法律工作，但這許多系統一旦聯手，人類在法庭與律師事務所的工作就要不保了。[5]

不過，從更廣的角度來說，機器人律師時代降臨，對社會未嘗不是一大福音。直到目前為止，法律仍是有錢人玩的東西，因為有錢人才付得起訴訟費用。O. J. 辛普森（O. J. Simpson）為求脫罪，付了好幾百萬美元（這個案子所以這麼有名，是因為他是名流，而且是黑人，其實富有白人被告花錢消災的類似案例也多得不勝枚舉）。同時，經由一些精微難辨、但能造成重大傷害的方式，法律往往不利於窮人與少數族裔被告。持有「快克古柯鹼」（crack cocaine）與持有古柯鹼粉二種罪行的罰則大不相同，就是最顯眼的一個例子。就化學成分與邏輯角度而言，這二種毒品並無不同，但古柯鹼粉非常昂貴，只有有錢人才供得起。人類法界人士難免有偏見，人工智慧在運用法律時應該會遠較公平得多。

在大多數數據可以處理、需要做決定的領域，人工智慧能提供類似好處，從而搶走人的飯碗。《連線》（*WIRED*）雜誌創始編輯凱文・凱利（Kevin Kelly）將人工智慧比喻為電流：一種可以導入一切事物的廉價、可靠、產業級的數位智慧。他說，「就像電流在一個多世紀以前做到的一樣，（人工智慧）也能讓了無生趣的東西充滿活力。過去我們電氣化，現在我們要『認知化』」。這種新的、電氣用品一般的人工智慧，不但能使我們個人獲益（例如加強我們的記憶力，加速我們的認知力）還能發揮集體作用，使人類更進步。幾乎我們所能想到的一切，只要能多加進一些智商，總能變得新奇、不同或有趣。[6]

人工智慧可以當成我們居家生活的語音助理，幫我們管理燈光，幫我們訂餐，幫我們安排會議。它還能在一番演進之後，為我們帶來類似《傑森一家》中的Rosie，類似《星際大戰》（*Star Wars*）中的R2-D2的機器人助理。而且它們不貴。Amazon Echo與Google Home這類產品的成本比智慧型手機還低，而且還會更低。事實上可能有一天，這類人工智慧助理會成為智慧型手機與平板電腦上的免費程式。

人工智慧科技更能促成我們自主，還是造成我們依賴？

用聰明的電腦幫我們決策，可以造福全人類。只要研發途徑正確，人工智慧不會嫌貧愛富，也不會種族歧視。透過智慧型手機與應用程式，人工智慧大體上能讓每一個人公平享用。人工智慧做出的醫療與法律建議當然做不得準，但它不會像人一樣有偏見；有可能成為促成社會公平的一股力量。

所以我們確實可以公平共享人工智慧之利。以軟體為基礎的科技好處就在這裏：一旦研發成功，它們可以以低廉的成本擴大規模，造福數百萬、甚或數十億人。事實上，由於使用軟體的人數愈多，軟體開發人的收益也愈豐，所以軟體開發人總是希望盡可能與人共享。臉書所以能成為世上市值最高的公司之一，原因就在這裏：它免費提供產品，於是有數十億使用者。

但無論它能將人類心理模擬得多麼唯妙唯肖，人工智慧沒有真正的情緒見解或感情，在考慮利益時，我們可能因為忘了這一點而犯錯。在許多時候，我們希望與我們進行專業互動的人，能在情緒上與我們結合在一起，這一點很重要。我們已經知道，教師、醫生、護士等人在情緒上的投入，能讓我們學得更好，讓我們痊癒得更快。除非認清這一點，在用人工智慧取代教師、醫生、與護士時，我們無法察覺我們損失了什麼。

不過，人工智慧最主要的問題在於它的風險。這是那種我寧可不談、「瘋狂」的東西：一旦人工智慧發展到比我們還聰明，會發生什麼事？這也正是伊隆・馬斯克、史蒂芬・霍金（Stephen Hawking）與比爾・蓋茲（Bill Gates）等權威專家極為關注的議題。他們都已針對「超級智慧」的創造提出警告。馬斯克說，他很害怕「我們正在召喚惡鬼」。[7]霍金說，它「可能為人類帶來末日」。[8]蓋茲也寫到，「我不了解，為什麼有人不擔心」。[9]

好消息是，工程人員與決策者正攜手合作，規範人工智慧，以盡可能降低風險。研發人工智慧系統的科技專家，正在設計安全開關這類東西，並且開始討論道德準則。白宮也主持研討會，協助當局訂定相關政策與規範，還發表二篇報告，說明政府支持的人工智慧研究應該怎麼進行，相關研究計畫應該有什麼面貌。[10]以〈為人工智慧的未來做準備〉（*Preparing for the Future of Artificial Intelligence*）這篇報告為例，它的中心要旨與這本書不謀而合：這些科技可以用來為善，也可以用來為惡，我們都必須學習，做好準備，引導它走上正途。[11]讓我特別感到心動的是，白宮承認人工智慧能讓人失業，但也有助於解決全球問題。這篇報告在結論中說，「今後二十年，機器展現的普世智慧，幾乎不可能達到、或超越人類智輝的水準。但儘管如此，我們預期，在愈來愈多的工作上，機器的表現會達到、並超越人的表現。」

接下來還有自主與依賴的問題。毫無疑問，我們今後會像今天依賴電腦與智慧型手機一樣依賴人工智慧。讓我擔心的是，類似電影《雲端情人》（*Her*）裏面的莎曼沙（Samantha）那種以假亂真的虛擬助理，一旦成為事實會有什麼後果。在這部電影裏面，非常多愁善感的席奧杜・湯布里（Theodore Twombly）愛上莎曼沙，結局很悲慘。莎曼沙終於告訴他，她與數以百計其他人有戀情，之後她由於比人類先進太多，失去對他的興趣。

好消息是，如果白宮估計得沒錯，莎曼沙還得等二十年以後才能問世。

第六章

用化身與人工智慧重塑教育

我們且假設我是個十四歲男孩。（有些人從沒真正長大！）我坐在教室，睡眼惺忪（像往常一樣）。我的眼皮愈來愈重。剛用完午餐，我真想打個盹，不過課表上沒有「打盹」這個科目。老師還在講臺上滔滔不絕，或是影片繼續在我眼前放著，或我正在看的那本書一頁頁翻著。我掙扎著想取得資訊，好好加以鑽研。但我剛學了些什麼？我已經記不很清楚了。這門課太枯燥。或者它太深，讓我無法理解。也或許老師授課的方式讓我覺得很奇怪。我想學，但我知道我連這堂課一半的資訊都記不到。最糟的是，不能按「重播」鈕，再來一遍。現在下課鈴聲響，我的課過去了。我想得到的資訊也沒了。除非我花許多自己的時間趕上，這門課我會不及格。

以上這一幕並非純屬虛構；它是全球各地學校學生每一天都在上演的事實。由於我們把教育視為一種工業商品，一種統一包裝、大規模供應的知識單位，在今天世上，像傳統教育系統這樣欠缺效率、這樣破敗的機構已經不多。也有人嘗試將教育系統個人化，不過改革成果充其量也只能說局部有成而已。

在今天的學校，教師必須根據根據一般資質授課（在許多案例是根據最低資質）。學生必須遵照課程表學習，但這個課程表的訂定，並不考慮學生的能力或偏好。有些學生或許得花三倍時間才能看懂微積分，但只需一半時間就能弄清楚西班牙文的不規則動詞。根本問題就在於，我們今天的「原廠」教育單位（一間教室、一個班級、一學年、一節課、一學期、一學季等等），沿用的仍是工業化教育最早期那一套標準。

我的未來學校是我家的後院，我的教室是一個數位教師與一副虛擬實境（virtual-reality，VR）耳機。我的化身指導老師是克里夫（Clifford），我的教學教練是芮秋（Rachel）。我正透過一個電子遊戲學習幾何，這個遊戲告訴我埃及金字塔是怎麼造的。我的化身的人工智慧程式，知道我喜歡金字塔，於是決定用金字塔遊戲來引領我，讓我一頭鑽進這個數學知識的重要領域。

克里夫已經伴了我好幾年。他知道我怎麼學，知道我喜歡什麼，知道我討厭什麼。克里夫說一口英國腔英語，那是因為我喜歡聽英國腔，在建立化身檔案時我選了它。克里夫隨時待命，我只需按一個鈕，他立即出現在我身邊。他不需要休假，不需要上廁所，也不需要做課前準備工作。而且對於我心裏想些什麼，對於我的感覺如何，他比我幼時教過我的任何一位老師都更清楚。這是因為他能取用有關我、有關這個世界的幾乎無窮無盡的資訊。他運用裝在我身上、我周圍的強力感測器（裝在我的隱形眼鏡、我的iPhone，嵌在牆壁上，縫在我的衣服裏），徹底有效地掌握我的身體狀況。

舉例說，克里夫能根據我的瞳孔擴大與膚色出現變化，察覺我的血液氧化度降低，就知道我累了。他還能密切觀察我的眼睛動轉與我的脈搏，知道我是不是遇到什麼讓我興奮的事。克里夫的視力比任何人都強得多。他可以詮釋我在語音中出現的微小變化，判斷我是不是真的已經懂了，或只是在胡亂搪塞。他還透過持續回饋，將我對課業的反應與實際成果比對，不斷改善他當老師的技巧。

當我昏昏欲睡，克里夫會建議我小睡片刻，或去投十五分鐘籃球。當我迷糊困惑，他察覺我有所不解，於是與我重溫課業，或改變我在平板電腦上的作業，讓我嘗試另一種學習型態，有時是網路影片，有時是遊戲或書本，還有時是全像（holographic）世界。克里夫為了我的幾何課與芮秋密切聯繫。他不慌不忙。我們的課沒有上下課鈴聲，沒有五十分鐘一堂課的期限。克里夫不必擔心我的同學會不會昏昏欲睡，會不會無聊，因為他只有我一個學生。

芮秋是真人，她是我的教練。她從不講課，從不在黑板上寫習題或方程式。她來我家裏為的是聽我說話與幫我。芮秋問我問題，將我的思考導入正確方向。她會建議我讀什麼書，做什麼練習，教我怎麼做最能與其他孩子打成一片。她的責任是，讓她的學生都能學到他們需要學的東西，她會以克里夫無法辦到的方式引領我們。她還會幫著我們用真材實料做一些案子，而不只是在我們腦海裏、在機器裏做東西。有克里夫這樣的導師，有芮秋這樣的教練，我甚至不覺得自己是在學習。我的感覺是，每天都在玩電玩，都在歷史時光隧道中悠遊，做著很酷的事。

舉例說，克里夫在發現我愛上埃及金字塔以後，設計了一項課程，用金字塔探討不同類型三角形的幾何，以及這些古建築背後的數學。一開始，我們先做了一次金字塔虛擬實境導遊，用擴增實境（augmented-reality，AR）覆蓋圖結合實體世界的抽象幾何。經由這種方式，我可以解決以金字塔空間與外型為題的幾何學問題。我覺得自己彷佛置身歷史，跟在古埃及建築天才身後計畫、建造這些不朽的龐然大物。

我在中午午休進餐，之後是集體實習。有時我的三個鄰居朋友過來，有時我到他們家。克里夫貼出一個用壓舌板建造金字塔的全息規格。我們在我們的平板上畫設計圖，做計算，計畫它的構築。計畫完成以後，我們這個小團隊用三個小時一步步打造結構。一座引領我們、一探埃及偉大的小小金字塔，就在我們眼前成形。

第二天，克里夫開始教我一些三角形與金字塔的數學關係。為了將這些關係轉換成一種有用的形式，我寫了一個電腦程式，計算特定規格（包括隧道與內部隔間的大小）內任何金字塔的質量以及它的底部的平均壓力。我把我的程式貼在線上。其他學生與教師為這個程式碼的精確性與結構（以及它是否真正管用）評分。一個人工智慧系統也測試了我的程式碼，並提出改善建議。同一工作組的友人與我，還為附近遊樂園設計了一個金字塔形遊樂結構，做為我們這個班最後的集體創作。

在那個最後集體創作過程中，我們與教學教練芮秋一起工作。我們可以隨時向她提問，她都會解答，引導我們，但她不會告訴我們該做什麼。我們先做了一個遊樂金字塔實物模型。芮秋告訴我們，在對小小孩太陡的地方，我們或許需要加設安全網。青少年雖說精幹聰明，但未必具備成年人的判斷與體貼，芮秋可以在這方面指導我們。除了購買壓舌板的小小花費以外，這整個金字塔的案子完全不花錢。像智慧型手機上的免費程式一樣，克里夫也是免費程式。芮秋的教練服務是公立教育項目的一部分，就像今天公立學校的教師一樣，由政府付費。我們用平板上的Autodesk免費軟體造了一個遊樂金字塔3D檔案，以便轉換成可供其他城市使用的藍圖。我們參加一項遊樂結構設計比賽，用這張藍圖為參賽作品，與其他數以千計學生團體進行角逐。這個案子有趣、實用、有教育性，而且實際成品或許還有藝術與建築價值。最重要的是，教育不再是一種苦差事或一種工作，而是一種真正的享受。對每個人而言，教育本該如此。

回到教育未來

讓人稱奇的是，這種學習經驗其實是複刻老做法。很久以前，在一開始的時候，教育是一種教師或指導人與學生之間一對一的互動。之後，我們逐漸有了學校、班級與教學的構想，教育於是成為一種一人對多人的程序。在古希臘，教育是一種「蘇格拉底」（Socratic）式程序：教師會向學生提出問題，從而引導學生學習。在那個時代，教育也是專供菁英階級享用的特權。

在整個中世紀與文藝復興時代，教育仍是一種特權，但學習過程變得愈來愈強調死記硬背。教會為了讓人信教，為許多比較窮苦的學生帶來學習機會。尤其在黑暗時代，教會藏書籍保住了羅馬時代傳下來的許多珍貴知識。

在十九與二十世紀初期，由於美國與其他國家推動義務教育，能夠進學唸書的人大幅增加。但這種一人對多人的模式更趨向機械式背誦學習，教師的主要功能成為向班級廣播資訊，一種工業化的教育系統緩緩成形。經過中央化學區的批准，標準教科書出現了。強調創意的課程在學校系統中壓縮到最低限。藝術與音樂這類課題雖是人生不可或缺的重要部分，但在這種工業化教育系統中卻無法出頭，除了一門籠統的美術課以外，它們大體上已遭排斥在學習跑道外。根據學校的組織制度與課程安排，學生必須一天在課椅上坐六或七個小時，接受同樣課程（不論他們的能力或學習風格如何）。學生下課以後回到家，必須像他們的同學一樣，根據同樣的教科書，做大體上一樣的家庭作業。這種做法確實將教育標準化，但沒有顧到一個事實：並非每個人的資質都一樣。

指數成長型科技為個人化教育帶來的遠景

個人電腦與之後筆記型電腦的出現，為我們帶來美好遠景：科技將重塑教育，讓我們將學習再次個人化。我們老實招了吧：直到目前為止，科技創新在教育這方面一直很失敗。首先有所謂「每個孩子都有筆記型電腦」（One Laptop per Child）的運動。但目前還沒有證據證明經常使用電腦處理學校課業或家庭作業的學生，表現比沒有電腦的學生好。在洛杉磯聯合學區（Los Angeles Unified）這類大學區進行的實驗，讓每個學生有一個平板，結果也完全失敗。事實是，直到今天，整體電腦輔助教育的效果如何仍然沒有定論。

線上教育確實有遠景。每個人都可以利用可汗學院（Khan Academy）或其他線上網站學習。每個人都可以享用世上所有的知識。對非常渴望學習、能夠坐在那裏聽完長篇大論、而且能迅速掌握概念的學生而言，線上教育確實有效。不幸的是，這類學生在學生總數裏占的比例非常小。線上教育不能帶來大眾學習、不能提升大眾知識水準。

更糟的是，研究人員發現，最可能使用線上課程的，是那些最不需要幫助的族群：中產階級與中上階級的專業人士。「大規模開放式線上課程」（Massive Open Online Courses，MOOCs）這類線上學習社群，在草創初期的實驗過程中有很高的退學率，測驗成績也低得出人意外。不過創投資本家並沒有因此裹足，仍將億萬美元不斷投入教育科技新創。全球教育產業規模超過兆美元，但迄今為止，對我們人生並無多少建樹。

身為教育界一員的我，相信科技有再造教育的亮麗遠景。但為什麼還沒有成效？為什麼我們沒有克里夫？

第一個原因是，現有科技還沒有那先進。它很快就會成真，但現有解決辦法還遠遠無法辦到。網際網路連線還不夠強；感應裝置還不夠普及；人工智慧也還不夠好。我們走的方向沒錯，不過大約還得等十年過後才能有克里夫。

這類新科技一旦發展成熟，有了能提供指導與教練的教師，能讓學習的每一階段成為一種一對一的經驗，促成突飛猛進的學習成果。不再有一個模子做出來的課程，不再有陳舊古板的班級單元。學生不再為了跟上班上那些特別聰明的同學而掙扎，不再為了等候班上那些進度特別慢的同學而混時間。我們正邁向一個科技支援的學習時代，它能讓每一個人滿足他或她的特定需求，讓學生在人工智慧幫助下，大體上自己教自己。這同樣也不是新概念：蘇格拉底當年也要他的學生自我學習。

這種轉型的遠景至為驚人。一旦化身、人工智慧與連線學習能透過數位化與個人化，大幅改善學習過程之後，世上任何人只要能與網際網路連線，就不僅能（像我們今天一樣）取用資訊與課程，還能享用第一流的教育。就像今天最有錢與最貧苦人家的孩子使用類似智慧型手機溝通、上社交媒體一樣，最有錢與最貧苦人家的孩子也將使用同樣工具與同樣人工智慧學習。

當專業人士扮演的廣播角色成為一種指導角色時，指導對象可以大幅增加，還可以以遙控方式進行。事實上，部分這類轉型早在幾年前已經展開。英國老祖母用Skype教著印度孩子，已經教了幾年。若干以Skype為平台的語言教學業者現正營業。（教學方向還可以反轉，自也不足為奇：外國教師可以運用Skype連線，為美國學生提供比較平價的講解與指導，為這些外國教師帶來以在地標準而言相當豐厚的收入。）當然，教師親臨課堂，與學生共處一室有很多好處。但以網路影片為基礎的學習與虛擬實境能取代許多親臨課堂的經驗，有一天也會取代這些經驗。

不過讓人驚嘆的是，早在十幾年前，研究已經證實，即使還在襁褓階段的這種做法都很有效。而且就算對最窮、最窮，幾乎毫無資源的人，這種做法也能派上用場。

「鑿壁上網」與線上教育簡史

蘇嘉塔．米特拉（Sugata Mitra）在一九七八年拿到德里（Delhi）印度理工學院（Indian Institute of Technology，ＩＩＴ）博士學位。印度理工學院在印度夙享盛譽，就像史丹福或哈佛大學在美國一樣，而且入學競爭比史丹福或哈佛還要激烈。生長在印度的米特拉由於能在印度理工學院受教，對電腦革命特別有見解。他將焦點轉向資訊科技教學，進入安艾艾迪（NIIT）工作。安艾艾迪位於新德里（New Delhi），是著名的電腦軟體與資訊科技訓練公司。

米特拉的辦公室裝備了電腦與冷氣機。但他知道，這間辦公室的外面是許多貧民窟，而且到處擠滿教育品質不佳的青年。他的工作是改善科技技巧教育，包括訂定課程、編寫教材，造一套傳統教育程序。[1]

在進入安艾艾迪之後沒多久，米特拉就開始思考是否可以改革這種老舊的知識傳授模式。聘請教師的成本相對高昂，請來的教師未必勝任，而且有些教師根本不願在印度鄉村工作。不久個人電腦問世，米特拉知道它們能提供的知識，很快就會比好幾十本教材還要豐富得多。更何況，他相信，孩子可以憑藉本能的好奇與敏銳的心自我學習，不需要教師、教科書、或工業式教育系統其他那些坑人的東西。

隨後網際網路問世，為米特拉帶來實驗機會。一九九九年一月二十六日，米特拉在隔離安艾艾迪大樓與卡爾卡吉（Kalkaji）貧民窟的圍牆上挖了一個洞。他在洞裏裝了一部高速網際網路連線的電腦，再配上終端機與鍵盤。這樣新奇的東西讓附近孩子趨之若鶩，湧到這部電腦旁。沒隔多久，他們開始三五成群、學著學生到學校學的同樣那些東西：科學、英文與數學。而且他們在沒有指導教師、沒有授課計畫、沒有大人幫助的情況下做到這一切。米特拉發現，與上學校唸書的學生相形之下，自我學習的學生就算未必能學得更快，至少也能學得一樣快。

我在二〇〇〇年訪問安艾艾迪與卡爾卡吉，親眼見證這件事。這些窮孩子展現的興奮與熱忱讓我十分感動。他們大多不會說英語，但都能上網，用雅虎（Yahoo，在那個年代，雅虎是最熱門的搜尋引擎）。他們互相傳授自己的學習心得。使用現代科技似乎讓他們非常舒暢、開心。對米特拉，以及對每個到訪人士而言，這是一大啟示。對一個有十億人口、其中半數為文盲的國家來說，這項簡單、低成本的實驗提供了一個解決辦法：科技能在新德里最窮的社區有效教育一群孩子。

米特拉發現，牆上挖出的這個洞是一扇啟蒙門戶。他之後在其他地點如法泡製，鑿壁上網，建立學習站，測驗他這項發現是否站得住腳。它們果然穩如泰山，「微創教育」（Minimally Invasive Education）的概念就此誕生。米特拉認定，學生會學習，是因為他們的腦子只要有機會就能學習。他發現，群體動力是學習過程的一項關鍵要件。長久以來，西方國家一直將群體學習視為教育課程核心，但在印度，情況並非如此。米特拉發現，學生在一起學習能鼓勵創意與投入，讓學校充滿樂趣。（就算有一天，每個孩子都有了教師化身，包括虛擬與實際的群體學習仍然必不可缺，原因就在這裏。）

任何一個孩子只要有網際網路，能跟友人一起學習，就有充分發揮的美好遠景，米特拉的「鑿壁上網教育計畫」（Hole-in-the-Wall Education Project）讓我們見到這誘人的美景。米特拉之後贏得TED（按：科技、娛樂與設計大會，美國一個非營利機構標榜藉由十八分鐘的演說，學習別人的經驗或知識，影片可在網路上觀賞）的一項百萬美元大獎，開始在全球各地演說，創辦好幾十個專注於微創教育的「雲端學校」（Schools in the Cloud）。他還設計了一套稍加指導的課程，讓孩子聚在一起獨立學習，一方面讓他們相互教導。

教育科技與個人學習的「翻轉」未來

自我學習的許多思維經過一段演進，逐步發展成所謂教育「翻轉模式」（flipped model）。除非你是教育專家，你很可能沒聽過這名詞。我在本章前文提到的指導教練芮秋，就是這種模式的產物。在翻轉模式中，教師不再廣播資訊，不再寫授課計畫，不再站在全班學生前面講課；教師變成教練，為需要額外幫助的學生提供指導。在翻轉模式中，學生根據自己的進度，而且往往自己抽空，研讀授課影音或線上網路影片。

根據這種模式，教師不必再做草擬授課計畫這類枯燥的工作，不必再分心管理行政事務，而以全幅精神與技巧投入需要判斷、體貼與情緒智慧的重責大任。

這種模式有很強的邏輯。目前教師花很多時間做的許多工作，可以用現成的工作取而代之，而且在一般情況下，這些現成工作事實上做的比教師做的更好。舉例說，根據傳統，教師要一點一滴地擬出自己的授課計畫。但為什麼要每一個教師針對同一課題準備一套講稿與教材？為什麼不讓最優秀的專家針對自己最專精的課題講課、寫下授課計畫，然後透過網路影片傳送每一間教室？使用專家提供的、現成的講稿與教材，教師可以省下許多時間，與學生做一對一教練，為學生提供個人化指導。「翻轉學校」（flipped schooling）的概念，是先把技巧與知識告知學生家裏，再讓學生走出家門一起做練習、專案與討論。

這種新教育系統比舊有系統有所改善嗎？我的答覆是「當然」。教師是很好的教練。他們也能做很好的廣播員，但最優秀的教師能透過教練、而不是廣播為學生帶來最寶貴的價值。科技讓教師可以集中全力，做他們最專精、對學生最有幫助的事。

精明的企業界已經牢牢抓緊這個機會。Gooru Learning、Teachers Pay Teachers與Share My Lesson這類線上教材市場，為教師提供現成而且高品質（也有許多品質較差的）教學計畫，讓教師用更多時間投入其他工作。甚至在今天，我們已經能運用感應器、數據與人工智慧，測試不同的授課內容與風格造成的學習效率差異。此外，由於整理巨量資訊、做成反覆決定這樣的工作，並非人類之長，不用再隔多久，愈來愈多的授課計畫工作會交由電腦處理。電腦會寫下基本教材，會學習什麼教材對特定學生管用，什麼教材不管用。不過，有創意的教師仍然極其珍貴：他們能以電腦未必能想像得出的方式，引導、管理算程，以啟發性的做法提升授課品質。

當然，所有這一切，多多少少總是一種苦樂參半的過程。教書是一門理想主義色彩濃厚的行業。一位激發你的興趣、讓你愛上學、影響你一生的老師讓你懷念不已。電影與俗文化裏，多的是薪資微薄、無私無我的教師，為幫助學生而奮戰的佳話。但事實愈來愈明顯，就像其他許多抗拒機器人的白領工作一樣，教書也是機器人能夠做得比人做得更好的工作。至少，就結構性的課程而言是這樣的。

除了以另類方式傳遞資訊以外，科技如何有效整合以融入教育的問題，仍然沒有定論。我的感覺是，這種不確定主要是初階段科技發展的現象，一旦人工智慧在各行各業都出現迅速進展，這類問題也迎刃而解。其他許多阻礙人工智慧進展的問題（例如語音辨識、駕車、作曲等等），現在已經有長足進展，化身與人工智慧帶動的教育應該也即將問世。用電腦構築個人化、客製化教材，儘管或許有損為人師表的神祕與風采，但可以建立一種可重覆使用的、平價個人化大眾教育程序，從而改善整個教育。最後，如何發掘藏在天才型教師們腦中那些教化學生的知識、將它們轉換成人工智慧軟體，也是一大課題。機器會觀察教師，從最優秀的典範學習；教師也會運用機器，找出對每一個學生的最佳個別經驗。

能夠利益均霑嗎？

那麼，這種以化身驅動的教育前景，能不能讓每一個人利益均霑？我相信，最後一定能。不過在短期內，這種教育孩子（與成人）的新方式會在極大比例上特別造福有錢人與已開發世界。與富有的學校相比，窮學校取用科技資源的能力已經落後甚多。窮學校每名學生擁有的電腦，比富裕學校少得多，而且這些電腦也多半破舊或管理不善。窮人以及住在偏遠地區的人，擁有高速寬頻連線、使用網際網路（沒錯，數以百萬計美國人仍然不使用網際網路）的可能性，比住在都會區的富人低。而且，在大多數情況下，窮人為享用高速寬頻而支付的代價也比富人高。

想實現數據驅動的翻轉教育模式，必先擁有可靠、速度非常快的網際網路連線，但無論在美國、或在世上其他地區，這種核心機制仍在貧、富之間呈現分配極其不均的現象。但有一天，這種分配不均的現象會因為二項發展而變得不再那麼重要。第一項發展是，連線速度在全球各地都會增加。第二項發展是，我們的手機功能愈來愈強，不必借助線上支援也能進行人工智慧運作。

摩爾定律又一次得到印證。好消息是，在今後十年間，這種貧富導致的差距大體上會消失，讓每一個人都能享用人工智慧之利。相對富有的人或許可以先一步享用這類科技，但隨著科技與傳遞機制改善，普及程度也會沿著金字塔尖端迅速往下擴散。

由於教育是建立自主的最有力推手，對於每個能夠享有這種教育的人來說，這都將是一大勝利。

第七章

我們逐漸成了數據；軟體成為我們的醫生

想讓你真正了解我們對醫藥與醫療保健系統依賴之深，最好的辦法莫過於與你分享一段瀕死經驗。我在二〇一二年三月心臟病發作，險些不治。醫生救了我的命。自那次可怕的經驗以後，讓我始終感到不解的是，為什麼醫療業者寧願花這麼多資源，在我們生病之後救我們，卻不肯大舉投入資源、讓我們保持健康，事先發覺問題、加以防範？醫療業者稱後者為保健護理（wellness care），又稱預防醫學（preventive medicine）。

在探討醫療科技進展的過程中，我見到極其美好的遠景。首先，iPhones開始出現可以量心跳、具有其他基本醫療監測功能的應用程式。接著較複雜的程式問世，能運用智慧型手機攝影功能進行掃描，尋找斑、痣等異物，或根據皮膚膚色，發掘其他健康議題。再接下來，我在本書前文談到的心電圖傳輸裝置出現了。我開始與遺傳學者討論，他們告訴我，由於電腦運算能力加速，我們的基因組解碼、甚至是改寫全新DNA的能力，已經大有長進（近年來，這些進展已經使得DNA編碼工作，幾乎就像管理一所中學科學實驗室那麼簡單）。

以指數規律成長的進步曲線造成智慧型手機的普及，與無人機以及自駕車的問世，今天醫療科技所以能迅速成長，也是這種曲線造成的結果。

這些科技進展總加起來，造成我們有關醫療做法與思考的大規模轉變。我們終於將注意力轉移到保健護理與防治措施上。身為消費者的我們，對自身的醫療有了前所未有的見解與主控權。透過僅僅十年前還難以想像的許多生物與機械手段，只要我們願意，我們有可能可以加強我們的心與身。

腰圍與個人化醫療的新典範

在這場醫療新領域走馬看花之旅的一開始，先談談我們熟悉的東西，特別是我們的腰圍，用它作為這一章的開端應該很不錯。我愛吃。但在心臟病發作過後，我開始非常注意飲食。於是我發現，今天全球人口面對的最嚴重的健康問題，就是人稱「體重過重」的所謂富足病。根據美國疾病防治中心（U.S. Centers for Disease Control and Prevention）的數據，百分之三十六點五的成年美國人過重。在印度、中國、以及其他開發中國家，體重過重也成為愈來愈嚴重的問題。能夠奪命的糖尿病、心臟病這類文明疾病（按：因生活方式不良而衍生的疾病），都與它息息相關。管理顧問公司麥肯錫（McKinsey & Company）在分析全球的體重過重問題衝擊之後評估說，體重過重使人耗弱，導致生產力降低，每年造成的醫療成本高達二兆美元。[1]

在今天，對抗體重過重的處方，意味兩件事：節食與運動。儘管每年花在健身房、減重藥與瘦身專案上的錢數以十億美元計，我們的體重還是有增無減。主張飲食減重的人，從低醣飲食到「原始人飲食法」（Paleo），到低脂，到阿金斯（Atkins）無澱粉減重法、普利提金（Pritikin）飲食法，不斷嘗試。主張運動減重的人，也從動感單車（spinning）到混合健身（crossfit），到尊巴舞（Zumba）一一嘗試。我們花了幾十億投入節食、上健身房、吃藥、接受減重手術，但似乎都沒有真正長期效果。減重究竟為什麼那麼難，直到今天仍是一個謎。

同樣的，錯綜複雜的醫療問題也在極大程度上超出我們的掌握。我們有iPhone，有iPad，有筆記型電腦、還有超級電腦，但對人體功能的了解卻膚淺得讓人稱奇。整個醫藥領域，從新陳代謝作用到神經內科、到人體DNA分子運作、到細菌在人體腸道的交互作用，我們的認識都非常粗淺。不過我們正處於解開這一切謎團、深入個人生物領域的極早期，這讓我十分感激。我們都多少有些不同，也因此，為謀求最高效率，我們的治療也必須根據我們的基因組、我們的環境與生活方式做個人化調整。

面對各式各樣食物、運動方式與行為刺激，不同的人反應也不同。有些人僅僅取用少量精製糖就染上糖尿病；還有人吃了更加多得多的精製糖也不會得糖尿病。愈來愈多證據顯示，無論是不是經常運動，我們的生物反應甚至會因為出現在一天內哪一個時間，因為出現在一個月內哪一天，因為身邊友人是誰的不同而不同。

實情是，我們對刺激所以有許多不同反應，最可能的原因是許多生物因素，而我們才剛開始了解這些因素。這些因素不僅包括我們的飲食、基因，還包括我們的新陳代謝波動、我們腸道細菌的形形色色、還有我們的環境。最明顯的是，我們呼吸了空氣中什麼化學物質、喝了什麼水、攝取了什麼食物。

憑著這些初步知識，我們開始建立一個真正的個人化醫藥系統。人類基因組測序的成本目前在一千美元左右，預料不出五年就會降到一百美元以下。不出十年，它的收費會比在星巴克（Starbucks）喝一杯拿鐵、買一份《紐約時報星期版》（*Sunday New York Times*）還要低。但問題是，這類科技突破是否能讓全民受益？還是說，它們只會造成貧、富之間在醫療與保健護理方面更大的差距？

遺傳學驅動的醫療保健革命

基因組測序成本的迅速降低，使遺傳學者能夠加速研究腳步，將更多基因解碼，人口覆蓋面也愈來愈廣。一旦有了足夠規模的樣本，科學家就能進一步了解我們的基因如何影響我們的健康，就能知道環境、我們的飲食、我們用的藥物如何與我們的基因與身體互動。

這項方程式的第一部分（基因組在人體功能扮演的核心角色）已經逐漸表面化。但我們還不很清楚第二層、或許影響更深遠的基因組：即所謂「表徵遺傳學」（epigenetics）研究。這項研究的目的，在於了解人體、環境、與其他刺激的互動如何影響基因功能。有些科學家甚至已經往前更進一步，開始解密我們腸道的細菌生物群落，以了解住在瘦子與胖子腸內的細菌有何不同。

其他科技也在幫我們進一步了解人體功能。科學家現在能運用「功能性磁振造影」（functional magnetic-resonance imaging，fMRI）為人體內的生物過程拍照。隨著感應器體積愈來愈小，有一天，我們只需吞下內藏感應器的丸子，就能即時監控體內生物過程，在第一時間將結果傳給醫生，將結果傳到我們的智慧型手機或智慧手表上。

很顯然，要做到這一點有一個重要因素：我們需要比現在強得多的數據蒐集能力。即將出現的數據財富，將使推動醫療福祉與預防醫療的工作轉變為一個大數據「歸因」（attribution）問題。投入線上廣告與電子商務世界的人應該對歸因問題不會陌生。

對串流影音業者網飛（Netflix）來說，最關鍵的歸因問題是，數以百計行銷訊息中的哪些組合，能說服消費者訂購網飛。直到不久以前，真實世界的歸因仍是幾乎無法成真的夢想。因為要辦到這一點需要太多的電腦運算力，而且執行這項工作的軟體也還不存在。

今天，亞馬遜以論時租賃方式租用超級電腦，已經能運用網際網路提供無序性（nominal，按：如性別、血型）分類數據。網飛的工程師使用Hadoop與Hexadata這類最先進大數據（big data，另譯為巨量資料）軟體，追蹤所謂「使用者旅程」（user journeys）。這麼做的目的在於找出哪一種使用者互動，最能造成希望造成的特定結果。在廣告、搜尋引擎結果、有機新聞內容、電子郵件等等之間，一名顧客或許會與網飛照面幾十次，然後簽約購買Netflix的服務。網飛團隊會根據它對使用者最後決定簽約（或決定不簽約）的影響力，或使用者簽入次數與他們愛看的電影類型，為這類輸入端的每一項訂定一個特定分量。

我們正在迅速開發這類醫療保健能力。到二〇二〇年初，你的基因組、你的腸道細菌生物群落、你的行為、與你的環境都將經過測繪。到那以後，只需鍵入數字，比對已知其他人對所有這些因數不同變化的各種反應，一個以人工智慧為基礎的個人化藥物處方系統，就能幫你與你的醫生設計出一套量身打造的辦法，讓你更舒適或活得更久。

有了大幅改善的資訊以後，面對糖尿病、心臟病、憂鬱症、與黃斑部病變這類慢性疾病，我們可以做出更快診斷，更積極地防範，以因人而異的手段進行更有效的治療。

病人自己診斷

個人化醫療保健時代的到來，不僅能讓我們有效治療過去讓人束手無策的疑難雜症，還能讓不懂醫療的人，也能做自我診斷與治療。

以人工智慧為基礎的工具，能根據病人的基因與最新醫學知識，為病人提供資訊與判斷，讓病人詮釋自己的驗血結果。在今天，就連醫生本身也很難辦到這一點，這是因為醫學新知成長腳步太快，遠遠超過醫生吸收新知的能力所致。值得我們深思的是，反對自我診斷的人不斷提出的一個理由是，資訊太多，會讓病人困惑不已、無所適從。隨著測試成本不斷降低，自我診療科技持續上市，醫界不能再畫地自限；了解這種新類型醫藥的精明業者很快就能搶占市場先機。

我們迫切需要解決理解度的問題。今天的化驗、測試結果都用醫療專用術語書寫；

應該改用簡單淺顯的文字，讓一般病人也能一目瞭然。印裔美籍生物醫學工程師卡納・卡霍（Kanav Kahol），已經將這個概念運用在他的醫療裝置上：簡化輸出端，讓醫療保健產品像消費者產品一樣簡單易使。

企業家救兵到了

眼見醫界無意降低醫療測試成本，也因為發現自己幾乎不可能得到必要的研究補助，亞利桑那州立大學（Arizona State University）生物醫療資訊系教授卡霍於二〇一一年回到新德里老家。

卡霍發現，大多數醫療測試裝置的電腦顯示與電路儘管相似，它們的包裝卻讓它們看起非常複雜，除了熟練從業人士以外，一般人很難使用。此外，它們也異常昂貴，單價動輒高達數萬美元。這種情況之下，造成美國醫療系統可以針對原本應該廉價的測試，收取高得嚇人的費用。

卡霍知道，這類裝置使用的感應器隨處可得，而且價格低廉，通常不過幾美元。他認為，只要能將它們與一個共同電腦平台連線，使用市面有售的平板電腦就能顯示診斷資訊，從而大幅降低醫療裝備成本。他同時想讓感應器數據簡單淺顯，讓僅受過基本醫藥訓練的技術人員、甚至一般人也能看得懂，使這些裝置成為有用的居家護理用具。

卡霍與他的印度工程團隊用不到三個月時間，用一萬一千美元造了一個原型診斷裝置，叫做Swasthya Slate。它使用現成的Android平板，加上一個四導程心電系統（four-lead ECG）、醫用溫度計、水質表、與心率監測儀。他們在二〇一五年，發明全新設計的機器，叫做HealthCube Pro，能進行三十三項診斷程序，包括一個十二導程心電系統，與檢測血壓、血糖、心率、血紅素、尿蛋白與尿糖、HIV、梅毒、脈搏血氧飽和度、與肌鈣蛋白（與心臟病有關）的感應器。

今天，卡霍與著名經濟學與流行病學家拉瑪南・拉米納拉揚（Ramanan Laxminarayan）共同創辦的HealthCubed已經在美國營業。*

這家公司最新推出的科技檢測器每個單位售價一千兩百美元，在北印度有兩百一十萬使用者。它的檢測結果經證實，與醫院使用的昂貴醫療裝備一樣精確。這個可能永遠不能在美國上市的系統到今天已經救了成百條人命。

迅速行動，顛覆產業，救人性命

為使非專業人士也能使用這種檢測器，程式人員為第一線護理人員寫了幾套以人工智慧為基礎的程式，開始在印度各地進行測試。這些原始裝置的實地測試結果驚人成功。血壓與尿蛋白檢測器可以用來診斷「妊娠毒血症」（preeclampsia）。這種病症在印度是造成百分之十五產婦死亡案例的元凶，在西方國家也是嚴重問題。患有妊娠毒血症的婦女在生產時很有可能流血不止而死。根據卡霍與我共享的報告，在旁遮普（Punjab）省的穆克沙（Muktsar），在引入這種檢測器之前一年，只有兩百五十名產婦接受妊娠毒血症篩檢，經確診的病患有十人。由於發現得太晚，其中八位母親最後還是

* 有鑒於新型平價診斷科技可能帶來的廣大好處，我在二〇一六年八月加入HealthCubed董事會，協助這家公司將這種可以救人無數的科技，引進迫切需要這種科技的南美洲與非洲。由於著名神經外科專家、史丹福醫學中心（Stanford Medical Center）的吉姆．杜提（Jim Doty）也加入HealthCubed董事會，我們希望有一天能將這種醫療科技帶進美國，加惠於需要它的民眾。

不治。那一年，因此喪生的婦女超過一百人，其中大多數沒有做檢測。在引入這種檢測器之後，有一千位孕婦在懷孕一到三個月期間做了檢測，其中一百二十人經確診患有此症。由於及早診斷，這些婦女都得到必要醫療，沒有人死亡。就這樣，一個一千兩百美元的檢測器，在那次實驗中救了幾十條人命。

二〇一四年三月，印度政府在北部查莫—克什米爾省（Jammu and Kashmir）的六個區，以一千一百個Swasthya Slate裝置展開一項種子實驗。在這以前，妊娠毒血症的產前檢驗要花十四天，產婦得從一個診所到另一診所接受不同檢測。這種情況顯然讓許多除了全職工作以外還得顧家的婦女對受檢意願缺缺。

有了這種裝置以後，妊娠毒血症的全套產前檢驗只需四十五分鐘，而且一家診所可以全部搞定。此外，使用這種裝置以後，紙上的行政作業、記錄檢測數據、填寫表格等工作，在第一線護理人員工作總量的占比也從百分之五十四降為百分之八。數以十萬計的印度人享有過去無法享有的醫療，而且篩檢品質與帕拉奧圖（Palo Alto）與紐約市的標準妊娠毒血症篩檢相比毫無遜色。很快，全球各地的產婦都能享用這種過去只有曼哈坦互惠基金管理人的妻子們才能享用的先進篩檢服務。科技之福有一天是會人人均霑的。

拉米納拉揚認為，如果大量生產，HealthCube Pro的單位售價可以降到一百五十美元。在醫生與病人比遠比一比一千還要低的開發中世界，這種平價檢測裝置無疑將造成巨大衝擊。[2]

奇怪的是，這種情況並非開發中世界獨有的現象；美國許多偏遠地區也鬧著嚴重醫生荒。西維吉尼亞、阿拉斯加與密西西比這類州分的貧窮或偏遠社區遭遇的問題，與印度也所差不多。美國貧窮的都會地區仍在為如何維護孕婦健康的問題而煩惱。令人不敢置信的是，自一九八七年以來，美國境內與懷孕有關的婦女死亡案例增加了一倍有餘。[3]在美國，黑人母親每生十萬個孩子有四十二點八人死亡；是白人母親（每生十萬個孩子有十二點五人死亡）死亡率的三倍有餘。默克藥廠（Merck）發現，在美國部分地區，孕婦與產後婦女死亡率比非洲次撒哈拉沙漠的一些國家還要高。[4]

大部分亞洲、拉丁美洲與非洲地區的醫生也很稀少。想使用檢測裝備也不容易，往往得辛苦跋涉一整天，甚至得搭飛機，才能抵達裝備較為齊全的診所。對困在都市貧窮泥沼中的婦女來說，想得到頂尖醫療保健，就得通過層層阻隔的官僚關卡。有了HealthCube Pro這類醫療檢測裝備以後，遠在千里外的醫生可以透過Skype與FaceTime為病患看診。遠距醫療（Telemedicine）是一門迅速成長的新領域，不過進行遠距醫療的醫生，往往因為欠缺護士蒐集到的病患相關資訊，看診比較困難。病患若能在家裏自行定期檢測，將檢測數據上傳到共享的遠距醫療中心，將能大幅提升醫療品質，降低成本。

用人工智慧程式不斷監控健康數據，可以幫我們預防疾病，特別是糖尿病與心血管病這類生活方式疾病。病人只要能操作裝備良好使用者介面的醫療系統，就能使用ＩＢＭ華生或其他人工智慧系統進行個人診斷，將醫生完全排除在初步檢查與診斷階段之外（不過我們當然仍須要醫生指導我們做進一步醫療選擇）。高品質醫療的成本一定因此大幅降低，在收費高昂的醫院，急性病病例會不斷減少，因為我們可以在社區、最後在我們自己家裏接受預防醫療。醫生或護士的「家訪」可能再次流行，不過面貌與過去大不相同。醫生可以「隨侍左右」，因為你就是醫生，而且身邊還有一個人工智慧系統當你的助理。試問，你還想唸醫學院嗎？

醫療保健科技的消費者化

消費者裝置與真正醫療保健工具之間的差距已經變得模糊了。前《連線》（*WIRED*）雜誌編輯湯瑪斯・高茲（Thomas Goetz）造的程式Iodine，能運用現實生活評級，與就連醫生也未必能弄清楚的副作用資訊，幫助不懂醫學的人對症下藥。熱門的生育力追蹤程式Glow，能幫婦女知道排卵期，以便順利懷孕。製藥巨擘羅氏（Roche）推出的Accu-Check Connect程式，可以與一個小型血糖監測系統連線，讓糖尿病患者與他們的醫生決定胰島素的適當劑量。數以百計、成千累萬這樣的裝置與程式正在研發，幫我們監控我們的健康。

就像卡霍與拉米納拉揚在新德里製造HealthCube Pro一樣，全球各地企業家也紛紛踏進這領域，解決本身社區、本國與世界的醫療問題。從財務角度而言，這麼做也很明智：就算在經濟蕭條或發生經濟危機期間，醫療保健始終是全球規模最大的單一經濟區塊。也因此，企業家正由上而下，展開對醫藥的再思考。

這種邁向居家診斷的轉型，不僅能讓我們憑藉更好的資訊，管理我們自身的醫療保健，還能大幅降低成本。頂級的醫療保健有一天會全球普及，而且只要像刷卡一樣，運用智慧型手機程式，就能輕鬆享用。病患終於可以作主了。此外，同樣嚴謹的數據分析不僅可以讓我們更健康，還能解決醫療系統的許多問題，減少不必要的痛苦、折磨與死亡。我們終有一天會找出辦法，讓最難纏的醫療程序更加高度自動化、也更加安全。

科技促成自主，而不是依賴？

我帶你做了一趟醫療保健與個人化醫藥的未來之旅，向你介紹了醫療科技進步的深度與廣度。事實告訴我們，醫療科技正逐漸成為一門資訊科技，以指數規律飛速成長。我們已經成了數據，軟體成為我們的醫生，而全球各地的企業家也已帶頭衝刺。

關鍵問題在於，世人是否都能因這樣的未來而獲利。我相信，就醫療保健這個案例而言，答案是肯定的。在美國與世上大多數其他國家，醫療保健一直就是貧富懸殊的鮮明指標。有錢人、中產階級、與實施公立醫療系統國家的國民，享有的醫療保健服務比其他人好得多。醫療保健系統也極度不透明，讓人莫測高深，使那些教育程度較高（也因此較富有）的人更占有優勢。在美國境內，不同地區產婦死亡率竟會出現如此巨大的差異，原因就在這裏。

前文提到的醫療保健科技，以及其他許多還沒有上市的科技，能讓我們的智慧型手機成為我們的診斷醫生、我們的心臟病專家、我們的醫療實驗室。基因測序成本的降低，能讓所有民眾都能輕鬆做到這一點。最重要的是，醫療科技的進步能帶來真正的民主化，讓每個人都能享用高品質醫療，都能更了解自己的健康狀況。或許，醫療保健科技的遠景之所以如此亮麗，部分原因也在於：無論在美國，或在其他國家，今天的醫療保健是一種殘破、碎裂、各行其是、讓使用者痛苦不堪的系統。今天的系統完全不能反應使用者回饋、完全不能滿足使用者需求，許多新科技因此能應運而生，一個功能、一個功能加以取代。

新科技帶來的醫療保健改善，不僅能造福資源較少的族群，還能讓菁英深蒙其利，因為歸根究柢，新醫療保健科技與基因組個人化不僅能削減成本，還能去除不必要的仲介，迫使醫療保健成為一種以一般民眾、而不以專家為服務對象，一種為消費而生產的產業。

新醫療保健科技好處多多，這是好消息。但為消費者提供他們無法了解的資訊也有許多風險。我們的醫生可以起一種過濾作用，為我們詮釋資訊，以一種真誠、友善的方式讓我們了解這些資訊。當一套基因組測試告訴你，說你容易患一種疾病時，你可能憂心忡忡，情緒低落，但導致這種疾病的因素其實非常複雜，而且往往是我們可以控制的。消費者裝置提供的數據，可能讓那些缺乏醫藥經驗的人做出不智的決定。而且，至少在今後十年，或二十年，人工智慧醫生不會有真正的感情。

讓人更關切的是安全與隱私。基因組測試很快就會像驗血一樣普及，保護我們的基因數據並不容易。23andMe這家公司所以惹惱規範當局，是因為它告訴消費者他們容易患什麼病。如我在前文所述，這裏的議題在於分析的精確性，以及極消費者在取得這些資訊後會怎麼做。但更大的問題是，公司會怎麼處理這些基因組數據。基因組測試公司一般都會在合約條款上注明條件，讓他們使用客戶基因資料、轉售第三造。這些公司都說，資料會經過匿名處理，但研究人員已經證明可以用基因組數據辨別個人身分。[5]

二〇〇八年通過的「反基因歧視法」（Genetic Information Nondiscrimination Act）禁止業者在健康保險與聘僱過程中，使用基因資訊。[6]但它對長照醫療、殘障與人壽保險領域的歧視，並沒有提供保護。而且它對商業使用的限制，也沒有相關規定。就像公司與雇主因為沒有相關法律規定，而大舉使用社交媒體數據一樣，公司可以使用基因組聚合數據，廣告行銷業者可以針對有基因缺陷的人打廣告。

問題是，在私人媒體數據應如何蒐集與共享的問題上，我們至今尚未達成社會共識。在大多數情況下，我們就連誰才擁有個人DNA資訊的問題都還搞不清楚。美國有些州已經開始立法，說你的DNA數據是你的財產，不過還沒有一致的法律規定，保護內容也很模擬。與密碼不同的是，一旦基因組內容在網際網路上走漏，你不能換一個新基因組解決問題。

想想看，如果老闆可以像購買信評報告一樣、購買你的DNA數據，結果會怎麼樣。以今天而論，他們可以根據這些數據來決定是不是僱用你，沒有法律禁止他們這麼做。令人感到反諷的是，在與應聘人面談時，雇主可能因為詢問對方的宗教、性傾向或政治立場而惹上官司，僅管如此，雇主可以（而且也真的這麼做了）運用社交媒體上蒐集到的資料，根據應徵者的想法、長相與習慣，決定是不是僱用對方。面對這種以基因為基礎的篩選，你做好準備了嗎？

還有，我們願意讓那些做行銷的人，根據我們的基因組配置，向我們推銷減重藥、抗癌藥物，或根據我們的測序微生物向我們推銷益生菌（probiotic）？

就自主與依賴的議題而言，依賴一個一天二十四小時守在你身邊的人工智慧醫生，或許比上醫院、或每星期找你的真人醫生做檢查要好些。慢性病患者已經依賴醫生開立的處方。我們如果能預防疾病，就能預防那種依賴。

不過在使用家庭健康監控裝置以後，我們可能像迷上Fitbits（智慧手環）與卡路里追蹤器一樣，過度依賴這種裝置。我們可能根據我們並不真的了解、卻自以為了解的數據，過度充滿自信或悲觀。

就整體而言，你會發現，我對醫藥科技的進步非常興奮。是的，正在研發醫療裝置與保健程式的蘋果與谷歌，或許都想取得我的健康數據，以便向我打出高度針對性的廣告。不過他們的動機是讓我保持健康，遠離疾病，這樣我才能做更多研究，才能下載更多程式。但時下醫療保健產業的動機卻一直就是要我不斷生病，不斷花錢找他們求助。所以，蘋果啊，取走我的數據，把你的廣告送來吧，不過請讓我保持健康。

第三部　風險與得失

第八章

機器人與生物人：人與機器難免將合為一體

童年時代的我，很相信我們長大以後，每個人都能擁有像《傑森一家》裏那個Rosie一樣的機器人，幫我們打掃清理。在一九七〇年代的卡通影片中，Rosie是傑森家族在二〇六二年的靈巧家僕。那種隨選式經濟很能對正我的少年情懷：人為什麼要花時間做那些洗碗碟、摺衣服的無聊事？而且我當時在學校不大搶手，也沒多少朋友。所以我渴望有個像C-3PO（發音為See-Threepio，《星際大戰》電影中，「天行者」路克〔Luke Skywalker〕的機器人朋友）那樣的機器人。

Rosie始終沒有出現。不過，我在二十一世紀展開不久有了Roomba。Roomba是一種自動真空吸塵器，可以在地上轉來轉去，在陷進地毯邊緣時還能搖搖擺擺、探入牆角。甚至到今天，市面有售、最接近C-3PO的，也不過只有Siri、谷歌Home、與亞馬遜Alexa這類人工智慧助理而已。

事實上，科學家與技術人員發現，機器人最難學會的技巧，正是我們學得最快、似乎像是天生就會做的那些事。二〇〇八年，加州大學柏克萊分校（UC Berkeley）機器人專家派特・阿畢爾（Pieter Abbeel）開始建BRETT（Berkeley Robot for the Elimination of Tedious Tasks的縮寫，意指能操持瑣碎雜務的柏克萊機器人）。阿畢爾要BRETT做的第一件雜務就是摺疊衣物。但阿畢爾與他的團隊很快就發現，教機器人摺衣服比他們想像中的來得困難許多。

首先，機器人面對一堆衣物時，會不知從何著手。毛巾、襪子與長褲雜亂無章地揪成一團，讓每一堆衣物都顯得複雜無比。阿畢爾的團隊把毛巾舉在空中，然後把折疊毛巾、置入衣籃的過程全程拍照：花了幾個月時間研究衣物處理技巧。阿畢爾在NPR Planet Money播客（podcast或podcasting，由iPod和broadcast所合成的新詞彙，是由隨身聽與網路廣播結合的數位內容收聽功能，聽者可使用iPod、手機、數位影音播放器收聽數位內容，目前廣泛用於說書、談話節目等）中問到：「你能用多影像造一個現有型態的3D模型嗎？因為你得先做到這一點，才能分析那個3D型態，然後找到角落在哪裏。」[1]

經過多年努力，阿畢爾的團隊造出軟體，讓BRETT可以用二十分鐘時間摺好一條毛巾。經過練習、加快運算速度之後，BRETT可以只用九十秒摺好一條毛巾。但衣物籃裏，只要出現任何意外的東西（像是揪成球形的T恤），就能讓BRETT停下來。誠如阿畢爾在播客中所說：「一旦投入機器人科技之後，你會發現，孩子在十歲以前就能學會的那些事……正是機器人最學不會的事。」

訓練機器人閱讀X光、搜尋法律文件，或撰寫運動文章不難，但要訓練它們上樓梯、開門、或摺衣服卻難得多。這是因為要機器人做沒有明確規則的工作非常困難，即使那些工作在人類看來理所當然。如果我要你摺一條毛巾，你知道我的意思。問題是，摺一條毛巾有一百萬種方法。而且摺疊動作包括許多小步驟，其中許多小步驟，很難向機器說清楚、講明白。例如你要機器人「抓住毛巾的兩個角」，但機器人得先分清楚哪是邊、哪是角、哪是毛巾、哪是襪子或一條內褲，才能執行這道指令。在擠滿各種衣物的籃子裏，要求機器人做這樣的區分，其實並不容易。

這麼看來，想打造能夠與我們對話、能幫我們清潔打掃，或執行一些非結構式工作的機器人，似乎還得等很久。如果看過最新的美國國防高等研究計畫署（Defense Advanced Research Projects Agency，DARPA）機器人救災挑戰賽（DARPA Robotics Challenge）影片中那些機器人，你可能認定我們這輩子不可能在現實生活中見到Rosie。[2]根據這項挑戰賽的規定，參賽機器人必須在一個模擬災區的場地裏完成八項任務，任務包括獨自行走、穿越瓦礫堆、關閉電路斷路器、旋轉閥門，以及爬樓梯等等。這些由全世界最優秀機器人專家精心製作的參賽機器人又慢又笨重：它們向一團黑糖蜜一樣緩緩前行，還不斷跌跤。直到今天，還沒有機器人能迅速完成摺衣服、整理衣櫃、打掃浴室這類工作，然而，對我們人類而言，這些工作不過是日常瑣事罷了。

但Rosie就要來了

組成的機器人，能遵循摩爾定律，以指數規律不斷改善能力。它們基本上是軟體（也就是第五章提到的「弱人工智慧」（narrow AI））控制的硬體。在軟體變得愈來愈好以後，機器人的動轉也會愈來愈穩，與人的溝通也會愈來愈有效。

直到不很久以前，DARPA機器人挑戰賽那些參賽機器人不斷摔倒的模樣讓我們捧腹，我們也因此相信Rosie仍只是科幻影片裏的東西。所以出現這樣的現象，是因為以指數成長的科技很容易造成誤解。這類科技的發展在一開始非常緩慢，但之後，失望變成驚喜。我相信我們會在二〇二〇年代享用機器人經驗的原因也就在這裏。部分因為成本大幅降低，相關硬體與軟體已經出現令人驚喜的進展，單軸控制器（大多數機器人內部構造的核心組件）價格，已從一千美元降到十美元。導航與障礙迴避感應器的價格也已從五千美元降到不到一百美元，而軟體（我在第五章談到的人工智慧）也以類似指數曲線飛速成長。

在二〇〇四年DARPA自駕車輛大獎挑戰賽（DARPA Grand Challenge）賽事中，沒有一輛車能完成全部賽程。但僅僅十一年以後，自駕車在美國十餘州已經合法，在舊金山灣區街頭更已成為常見街景。附帶一提，在DARPA二〇一五年挑戰賽中，三個團隊以三種不同的設計賽完全程。

在語音辨識方面，機器人已經差不多取得C-3PO的本領。蘋果、亞馬遜與谷歌在將語音轉譯為文字的工作上做得不錯，甚至在吵雜的環境下也有相當效果。它們的語音辨識系統仍然為口音、難唸的字、與口語縮寫這類問題而困擾不已，但大體而言，已經相當有效。雖說今天的人工智慧機器人沒有一個能通過「圖靈測試」（這是人工智慧的黃金標準，必須讓與機器人對話的人類，聽不出對方是機器人才算過關），但它們已經逐漸接近目標。Siri與她的同伴很快就能與你展開複雜的、像人一樣的互動。

不過，如何在更複雜的多語音環境下，在吵雜中同時辨識幾個人交談的聲音，仍是機器面對的艱鉅挑戰。多語音辨識比單語音辨識要困難得多，由此可見我們人腦處理能力的精密。

對成長曲線以線型發展的機器人來說，這些艱鉅挑戰的電算能力需求似乎是無法克服的障礙。但正如我在前文所說，到二〇二三年以前，你的iPhone的電算能力就能趕上人腦。有鑒於人工智慧持續不斷的指數成長，機器人製造業者與人工智慧程式人員今天面對的電算能力障礙，很快就會成為過去，已經是愈來愈明確的事實。

機器學習的崛起，也意味能夠在實踐中學習、能夠因為與人類共處而愈來愈聰明的新一代機器人也即將問世。谷歌部分根據Google Translate取得的人類輸入，即將完成及時文字-語音翻譯軟體。谷歌在二〇一六年擊敗世界頂尖圍棋棋士的DeepMind系統，經由觀察人類弈棋的經驗，學會這種有一千年歷史、數量級比西洋棋複雜得多的棋藝。[3]更絕的是，DeepMind使出幾手乍看來似乎毫無道理、最後卻證明果有創意的步數，讓人類棋士嘖嘖稱奇。機器人不僅已經從人類那裏學會如何像人類一樣下棋，還學會如何以有創意的方式自行思考。雖說還不能通過圖靈測試，但這個例子顯然說明機器人也能運用不同於人類指令的「**自生智慧**」（emergent intelligence，按：簡單的個體互動衍生的複雜智慧）。

根據這一切理由，我想，到二〇二五年，會有一個像Rosie一樣的機器人幫我清潔、打掃。機器人很快就會變得很能幹，不僅能開門，還能邊提著一大袋東西邊開門，同時還能讓狗跑不出來。我在買Rosie之初，或許必須帶她在家裏四處走動，但她很快就能學會我需要什麼，我的洗衣機與乾衣機在哪裏，學會怎麼在屋內遊走，怎麼清洗浴室，而且她還會像電視上那樣聰明可愛。她不會具備那種讓她看起來像人一樣的人工智慧，但她能與我們談天說笑。

事實上，功能還相當有限的一種Rosie式機器人，已經在美國各地醫院出現。她名叫Tug，是匹茲堡（Pittsburgh）機器人製造公司Aethon的產品。今天醫院護工所做的一些最基本的雜務，例如將藥品與裝備送往不同病房等等，Tug都能做，而且Tug的成本比聘請護工低廉得多。

不過，Tug並不會清理病房，除了在醫院走廊上到處遊走以外，比這複雜的工作也都做不來。認為機器人很快就能大舉汰換人類員工的想法，並不實際，實際情況是，機器人會透過專門化進程，逐步取代由人類來做的工作。

透過這種方式，機器人會逐步、一件一件地接管人類在製造廠、在雜貨店、在藥廠的工作。現在的醫院已經依賴人工智慧驅動的系統在藥房裏撿測衝突性藥物可能引發的問題。我想，到二〇二五年，藥劑師的工作將完全自動化。沿著經濟食物鏈往下推，麥當勞（McDonald's）正在它的櫃台展開自動點餐，同時還可能推出漢堡與薯條自動烹調引擎以因應自動點餐。這樣的引擎已經存在，它是一家叫做「動力機器」（Momentum Machines）、創投支持的業者的產品，可以每十秒鐘做一個漢堡。或許這聽起來讓人不寒而慄；是的，沒錯，機器人會吃掉我們的工作。但在迅速老齡化的已開發世界，驚人的人口族群變化為社會全體帶來巨量工作，僅靠人類本身恐將遠遠無力承擔，我們或許需要機器人照顧我們的老人，以保持經濟安定。

機器人怎麼救世界

根據美國人口統計局的評估，在二〇二〇與二〇三〇年間，全球六十五歲以上人口總數將超過五歲以下的人口總數。[4]這種老齡化走勢在已開發國家速度較快，但即使在一些較落後的國家，老齡化走勢也在不斷加速。根據人口參考局（Population Reference Bureau，PRB）的數據，自一九五〇年以來，較落後國家六十五歲與以上年齡層人口占比從百分之四增加到百分之六，增幅高達百分之五十。[5]在比較先進的國家，六十五歲與以上年齡層人口占比在一九五〇年為百分之八，到二〇一四年增加到百分之十六，到二〇五〇年將高達創紀錄的百分之二十六。在這些已開發國家，兒童出生率正持續下滑。

這代表一種老齡化人口走勢，透過醫療保健與稅收，退休老齡人口不斷膨脹，照顧老人的人數量愈來愈少。在日本這類國家，退休人口對工作成年人人口的比例會持續增加，突破現有紀錄。這種情勢可能為國家帶來前所未有的重負：對老齡人口的照顧可能壓倒其他一切經濟與政治優先項目。基於這個理由，日本政府鼓吹用機器人照顧老人的概念。

日本為解決無可避免的高齡化危機而提出的機器人解決辦法，讓許多人對未來憂心不已：因為在這樣的未來，老人完全依賴機器人照料，民眾不再大舉投入精力、照顧他們的父母。但父母從小照顧我們長大，照顧老邁父母是我們的天職，這種解決辦法有違孝順父母這根深柢固的社會理念。不過，迫於工作年齡人口不斷減少，為養家活口，工齡人口必須投入有生產性的工作，卻也是不爭之實。此外，這種解決辦法還觸及一個非常情緒化的議題：我們是不是應該把幾乎一切工作都交給機器人來做。

對邁入高齡化社會的已開發世界而言，機器人或許不僅是解決問題之道，還能成為我們最好的朋友。

可以讓機器人殺人嗎？

日本或許贊成用機器人保護老人，維護它的經濟，但一個更具爭議性、對人類衝擊更加大得多的議題也已經惹起熱議。這項辯論的焦點是，我們能不能讓人工智慧驅動的機器人自主殺人。二〇一五年七月，兩萬多人聯署一分公開信，呼籲通過全球性的禁令，禁止使用致命的自主殺戮機器。這些聯署人中有一千人是人工智慧研究人員與技術專家，其中包括伊隆・馬斯克、史蒂芬・霍金、與史蒂夫・沃茲尼克（Steve Wozniak）。[6]他們的邏輯很簡單：一旦展開研發能夠自主殺戮的軍用機器人科技，也會像所有其他科技一樣，循著同一成本與能力曲線發展；在不久的將來，人工智慧殺戮機器會成為商品，每一個獨裁者、民兵團體、與恐怖組織只需花錢，都可以買得到。此外，當然，專制（甚至剛愎自用的民主）政府也能用這些機器控制人民，迫使人民就範。

除了少數軍界人士以外，這是幾乎每個人都同意的觀點。甚至是機器人科技最死忠信徒的雷・庫茲威爾（Ray Kurzweil），也堅決反對透過程式研發，讓機器人在未經人類控制人同意的情況下自行殺人。他認為，研發這樣的程式違背道德。還有一些批判人，例如「開放機器人」（Open Roboethics）計畫創辦人文愛姜（AJung Moon，譯音）就擔心，縱容這樣的科技會讓我們陷入一種機器人肆無忌憚、不聽使喚的世界。[7]此外，就像DeepMind在圍棋棋盤上展現的那樣，機器人的智慧一旦達到某一程度，至少在它們精通的規則與環境範圍內，難保不會有自己的主見。

支持研發自主殺人機器的軍界人士說，用機器人上戰場遠比派遣人類上戰場更加道德。經過程式調控、不會攻擊婦女與兒童的機器人，在戰場壓力下不會精神崩潰。他們認為，如果當時由機器人領軍，不會發生美萊村屠殺事件（Mai Lai，按：美軍於越戰期間在越南廣義省美萊村屠殺數百村民）。更何況，他們還說，程式邏輯有一種了不起的能力，能將核心道德議題剖析為二元式決定。舉例說，為挽救校車上所有學童的性命，機器人可以在一秒內做出決定，犧牲那位打瞌睡的駕駛。

這些論點都很有趣，而且也並非全無道理。人類心理與情緒都有脆弱的一面，在廝殺慘烈的戰場上，就算最習慣征戰的軍人，也難保不會一時精神錯亂。如果能用程式控制機器人，避免這些弱點，是不是更道德？在難以判斷對手是否遵循任何道德律的情況下（例如與伊斯蘭國〔ISIS〕恐怖分子交手時），與其依賴有情緒的軍人，依賴冷血機器戰士會不會更好？如果一個恐怖組織成功研發擁有戰場優勢的殺人機器人，又當如何？我們願不願意冒險，研發這種機器戰士？

對於這類問題，我的看法似乎有些玩世不恭：我不認為民眾真有那麼關心應不應該讓機器人殺人的問題，因為這種觀念似乎太過抽象。對於是否應該讓無人機裝備自主殺人凶器的問題，美國民眾一直興趣缺缺。事實上，甚至用機器人在美國境內殺人的問題，也沒有引起美國民眾注意。達拉斯（Dallas）警方用機器人帶了一枚炸彈，炸死涉嫌在抗議集會中殺害七名員警的米卡·布朗（Micah Brown）。[8] 沒有人對警方這種做法提出質疑。第一次使用自主機器人在戰場上殺人的事件，應該只會出現在距離美國很遙遠的地方，就像無人機第一次殺人的戰場遠在阿富汗與巴基斯坦一樣。

「開放機器人」計畫主張全面禁止研發自主殺人機器人，這項主張獲得幾乎所有民權組織與許多政界人士響應。這個議題會在今後幾年持續發酵。值得注意的，不僅是聯合國這類世界級治理機構會作成什麼最後決定，美國軍方是否願意針對這個問題簽署一項國際協定也讓我們關切。（在軍事科技領域擁有明顯全球優勢的美國，一直不肯簽署限制軍事科技的條約。）

好處是否超過風險？

現在我們得談到近在眼前的問題了。機器人帶來的好處超過它的風險嗎？如果超過，我們該如何降低風險？就目前而論，全面阻止機器人進入社會與人世的嘗試已經失敗。Tug不會再回到包裝它的箱子裏。谷歌自駕車（替我們駕車的機器人）已經出現，看來也阻止不了。具備自動駕駛能力的特斯拉電動車，已經在我們的公路上走了好幾百萬英里。隨著人工智慧機器人不斷進步，新能力免不了一定會帶來我們始料未及的事物。最極端的風險是世界末日：機器人變得比我們還聰明，於是接管世界，讓人類在自己的星球上任由機器宰割。

另一個同樣惱人、雖說沒那麼攸關生死存亡、但更加現實的風險是，機器人會不斷搶走我們的飯碗。麻省理工學院（Massachusetts Institute of Technology，MIT）的艾利克・布里喬森（Erik Brynjolfsson）與安德魯・麥卡菲（Andrew McAfee）等研究人員就認為，機器人遲早會奪走我們愈來愈多的重要工作。[9]

牛津大學（Oxford University）研究員卡爾・班尼迪・傅瑞（Carl Benedikt Frey）與麥克・奧斯本（Michael A. Osborne）在二〇一三年九月發表研究報告，斷言人工智慧會讓美國百分之四十七的現有就業機會「有風險」，在美國造成軒然大波。[10] 這篇名為〈就業未來〉（*The Future of Employment*）的報告，針對科技創新對勞工市場與就業的影響，進行了嚴謹而詳細的評估。麥肯錫公司也在不久前的一篇研究報告中指出，「運用現有科技，僅有約百分之五的職業可以全面自動化。不過，今天的科技可以將人類支薪在各行各業進行的各項活動的百分之四十五自動化。更有甚者，約占六成的所有各行各業，可以將三成以上的業務活動自動化。」[11]

報告中並起說，僅僅具備自動化能力並不表示自動化比較划算。只要聘請時薪十美元的廚子比購置動力機器的漢堡製作機器人划算，速食業就業機會不會因自動化受損。

但想走回完全不用機器人的極端，已經不切實際。老齡化人口的巨型泡沫將壓得大多數已開發世界、以及中國等許多開發中國家喘不過氣。自駕車將在今後幾十年拯救千百萬條人命。更機靈、更聰明的機器人將取代人類，接掌開礦、救火、搜救、高樓與通信塔檢修等等高危險度的工作。

仔細回想起來，情況似乎是，只要機器人搶不走我們最獨特的本領，只要它們不比我們聰明太多，我們希望用機器人做一切我們不擅長的工作。或許這是一件好事。從表面上看，機器人護工或許是一種無情的選項，但比起根本不照顧，或者讓孩子承受嚴峻財務壓力，反而是一種關愛。將這個立論進一步衍生：機器人以及機器人帶來的經濟利益或許會奪走我們的工作，但同時也能為我們人類帶來很多餘暇，讓我們可以做我們最想做的事。

依我看來，問題關鍵在於如何讓人能夠了解機器人，讓人能夠制止機器人，以免它們太超過。谷歌正考慮在它的人工智慧系統建立關閉開關（kill-switches）。[12]其他研究人員正研發工具，以監控利用深度學習（Deep Learning）系統建立、原本無法監控的機器算程。也因此，我們必須取得肯定答案的問題是，我們能不能制止機器人。包括人工智慧與機器人，我們在設計所有一切系統時，必須牢記這項關鍵，即使這麼做可能有損這類系統與機器人的能力與「突現性」（emergent properties，按：即一加一可能大於二的特性）也在所不惜。

能夠利益均霑嗎？

在一般用途機器人問世以後，這項科技能讓社會大眾利益均霑嗎？答案是不能，因為有錢人可以最先得到最新、最好的機器人，一定比窮人獲利更多。比較一下我們在美國使用的智慧型手機，與一般在印度與中國境內使用的智慧型手機，就知道其間差距了。我們使用的智慧型手機往往售價超過六百美元，印度與中國境內使用的經常只有四十美元。我們的手機有最快的處理器、最長效的電池、顯示幕品質也最好。就特性與功能而言，他們的手機比我們的落後兩到三年。不過，坦白說，我倒認為這不是問題，因為這其實是富人為科技進步而付費，是富人在貼補窮人。馬斯克經營特斯拉運用的也是同一套策略：他推出Roadster與Model S鎖定豪華車市場，要我這樣的人出錢幫他推動科技，開發比較平價的Model 3。

電視卡通連續劇《傑森一家》的粉絲或許還記得，珍・傑森（Jane Jetson）在第一集所以買下Rosie，是因為Rosie是個「已經累積許多里程數的老舊展示樣品」。當時這個未來世界的中產之家只能買得起Rosie。Rosie或許不具備最新的功能，但她帶來的好處很驚人。有一天，我們的機器人也是這樣，每個人都將因而獲利，不過有些人會在其他人之前先享用新型機器人。

如前文所述，在考慮社會公平議題時，令人憂心的是機器人在就業方面造成的顛覆。除非我們推出安全網、再培訓方案、與社會結構，以因應富足與無就業時代，機器人帶來的顛覆會造成嚴重後果。在未來的社會新秩序中，我們的身分地位不僅取決於我們做的工作，還要看我們有多少貢獻（或許這一部分比前者更重要）而定，我們必須幫助其他人調適這樣的社會。

此外，政府無論怎麼做也無法阻止自動化，因為自動化是經濟成長之鑰。科技必然為就業帶來巨大衝擊，我們無法粉飾太平；除了做好因應準備以外，我們別無其他選擇。我們需要了解科技走向，了解它的衝擊，為可能遭到最大負面衝擊的人提供保護。

這些科技更能促成我們自主，還是造成我們依賴？

我們會不會依賴我們的機器人？就若干程度而言，我們已經在依賴許多原始機器人了：我們的汽車、電梯、洗碗機、事實上，一切電器用品都是原始型態的機器人。我們當然可以選擇不用它們，但是那樣的日子並不好過。老實說，我覺得它們不僅是連了電線的器材而已；沒了智慧型手機與網際網路會讓我感到迷失。既如此，我們依賴為我們服務、成為我們朋友的機器人，與我們依賴電器又有什麼不一樣？

第九章

網路連線無所不在時代的安全與隱私

在熱門電視影集《國土安全》（*Homeland*）的某集劇情中，恐怖分子駭進副總統威廉・華爾登（William Walden）的心律調整器（pacemaker），殺了華爾登。這名駭客透過心律調整器，調快華爾登的心跳速度，迫使華爾登的心臟停止跳動。之前華爾登為了讓醫生監控他的健康，把他的心律器與網際網路連線，結果引來殺身之禍。這樣的劇情讓人看得心驚膽戰，不過，這項科幻影片裏的暗殺伎倆，其實並非憑空揑造。

近年來許多精密複雜、非常重要的醫療裝置，都已配備機載電腦（on-board computer）與無線連線。胰島素幫浦、血糖監測儀、與體外心臟去顫器（Automated External Defibrillator，AED）等等，都已加入物聯網。在每年的安全會議中，駭客都會展示如何侵入我們賴以生存的裝置，這些方法還不斷推陳出新。前美國副總統迪克・錢尼（Dick Cheney）曾要求他的醫生，切斷他胸腔內那個心律器的無線連線，就是一個著名案例。錢尼的心臟醫生、華府喬治・華盛頓大學醫院（George Washington University Hospital）的強納森・蘭納（Jonathan Reiner），在二〇一三年十月的一次《六十分鐘》（*60 Minutes*）電視新聞訪談中說：「依我看，身為副總統，卻因為身上裝了一個東西，而讓一個參加群眾大會、一個住在旅館隔壁房間、或一個住在樓下的人駭進來，實在很笨。」[1]

有一天，我們會同時生活在一個既充滿科技奇觀、又處處面臨陷阱的世界，而且這樣的威脅會愈來愈普遍。試圖加害我們的駭客，以及駭客團體力量龐大，比過去任何時候都強。用盜來的個人數據進行勒索的事件會直線上升。我們逐漸覺悟：原來使用不斷蒐集資訊的裝置，使用公司提供的免費產品與服務會為我們帶來不利。網路安全不再是一種抽象威脅，而是一個對我們每個人都很重要的個人安全議題。

所以，準備應付今後二十年這場硬仗吧。不過也有好消息。網路安全業者已經有所反應，對抗這類威脅的科技已經在研發中。新一代網路安全專家也不畏挑戰，提出創新解決辦法。世界各地的政府、公司、與企業家很清楚解決這類議題好處多多，也都競相研發新做法與突破方法。我們每邁進一步總會遇到挫折，但我們會愈挫愈勇，繼續前進。問題是，我們在進步過程中，會失去什麼？

遭網路流彈波及的公民

使用裝在你口袋裏、價格也不算貴的個人超級電腦，就能取用世上幾乎一切資訊，毫無疑問有很多好處。我們可以隨時隨地與親人聯繫，立即可供我們享用的服務愈來愈多，可以在任何地方學習幾乎一切我們想學的事物。獲利的不只是富人而已；全球各地的窮人這時可以溝通、合作，跨越過去迫使他們屈居劣勢的機構障礙（institutional barrier），或許因此成為最大的受益人。

今後二十年間，各式各樣裝置鋪天蓋地式的高速連線，讓我們更加離不開科技、離不開網路，一項讓人心驚膽戰的關鍵走勢會出現：網路安全會成為一個更重要的內部安全議題。電腦軟蟲「震網」（Stuxnet）在二〇〇七年攻擊伊朗納坦茲（Natanz）濃縮鈾祕密設施，讓設施內的離心機失控、瘋狂運轉。[2]僅僅數月之間，美國與以色列保安當局透過遙控手段，將伊朗的五千個濃縮鈾離心機毀了一千個。「震網」背後、代號「奧運」（Olympic Games）的行動，是布希（George W. Bush，俗稱小布希）與歐巴馬（Barack Obama）政府主政期間推動的一項專案。

「震網」是第一件公開披露、美國政府對另一國工業設施發動的大規模網路攻擊。

二〇一五年，美國情報當局遭到據信是來自中國的網路攻擊，寫下現代史上最慘重的一次敗績。在這次事件中，美國政府主管審查與員工管理事務的人事管理局（Office of Personnel Management，OPM）遭到大舉駭入，二千一百五十多萬名公務人員、回溯幾近三十年的所有個資遭竊，[3]這些資料包括五百多萬套永遠改不了的指紋。更糟的是，四百多萬通過安檢考核、有權參與國安機密的人，也因此暴露身分，重挫美國在海外進行間諜戰的能力。

二〇一六年，據信來自俄國的駭客侵入美國民主黨官員的電子郵件伺服器，用竊來的資料破壞美國選舉程序的可信度。

下一場大規模地緣政治危機一旦發生，涉及內容將不只是對付敵飛彈與通信系統的電子反制措施而已，還會包括攻擊專用IP網路，以癱瘓或摧毀民用基礎設施。各國爭奪主控權的戰火持續延燒，我們的個人資訊與安全會連帶受損。

我們一頭撞進物聯網世界，把一切可以連線的全部連線，也將我們科技系統的要害暴露在外。過去二十年來，身分盜竊事件急遽升高，但社會大眾對這類事件犯罪手法的愈來愈精密卻仍然蒙在鼓裏。在今後二十年，這類事件造成的不便會成為真正的威脅。隨著名流裸照遭竊、與民眾電子郵件曝光事件愈來愈多，駭客入侵也將成為我們大家都關注的問題。

破財是一回事。但身分盜竊事件現在變得更加醜陋，也更加切身得多。以線上成人約會網站Ashley Madison（按：加拿大約會網站，以人生苦短為由，協助會員撮合婚外情）遭駭、用戶資料曝光一事為例，遭曝光的人想掙脫事件陰影真是談何容易。[4]在這次事件中，幾百萬Ashley Madison用戶的電郵地址遭人公開，他們將因此背上虛擬「紅字」（scarlet letter，按：典出十九世紀經典小說《紅字》，書中女主角因遭誘姦懷孕，遭到當局審判，還受到逼迫戴上象徵羞辱的紅色A字遊街），遭社會唾棄。這些涉嫌搞婚外情的人的個資，現在存在幾個數據庫裏，供人搜尋，而且是永久紀錄。有人甚至因不堪羞辱而自殺。數據竊取不分青紅皂白：無論是感情不睦的夫妻，或只是出於好奇並沒有真正嘗試婚外情的人，一旦成為數據竊取受害人，個人與社會生命都會遭到重創。

問題是，不只是我們說什麼或我們做什麼，所有有關我們、構成我們身分與名譽的一切資訊，都有可能曝光。每天你下班開車回家，架在警車與路標頂端的攝影機，使用自動車牌辨識科技，將你的車的幾乎一切動向做成數據庫。大樓與交叉路口的監控攝影機不斷拍照，記錄你在每一個地方的一舉一動。當你將車開上家門前的車道時，你家的自動系統分秒不差地錄下你回到家的時刻；為了調整室溫、讓你感到最舒適，你的Nest恆溫系統開始追蹤剛踏進屋子的你。你的智慧電視機上的攝影機與麥克風開始監聽你的每一句對話，等你對它下達指令。而這時的你，甚至還沒有上網開始瀏覽呢。

你的罩門，都擺在一起

我們一步步邁向連線系統，將我們的人生綁在雲端服務上，也造成愈來愈多的「單點故障」（single points of failure，按：指系統中一旦失靈就會造成整個系統停擺的部件），讓我們的存在處於隨時遭到一舉抹殺的陰影中。馬特·郝南（Mat Honan）在擔任《連線》雜誌記者（他現在是BuzzFeed科技編輯）時曾經遭駭，失去一切數位財物。當時駭客用來對付他的手段並非什麼尖端科技或蠻力。他們只是用社交工程（social engineering，按：指利用溝通與騙術進行的網路入侵）騙過蘋果與亞馬遜客服人員，讓客服人員把郝南的帳戶交給一個陌生人。

郝南寫道：「前後不過一個小時，我的整個數位生活完全遭毀。首先，我的谷歌帳戶遭人接管，隨即刪除。接著我的推特（Twitter）帳戶遭駭，駭客用它當成散播種族歧視與同性戀訊息的平台。最慘的是，我的AppleID帳戶也遭到闖入，駭客用它遙控刪除我在iPhone、iPad與MacBook上的一切數據。」[5]

郝南就這樣失去許多數位財物，其中有許多是他的子女幼時的照片。他疏忽沒有做備分，現在，它們再也追不回來了。

郝南所以遭駭客攻擊，是因為他有一個遭人垂涎不已、只有三個字母的Twitter handle（推特用戶名）。今後幾年，還會出現更多更多的郝南：駭客會毀掉（至少暫時毀掉）許多人的Dropboxes、Google Clouds與iCloud帳戶，把受害人的生活攪得天翻地覆，玷汙他們的名譽，向他們詐財、勒贖。若是不能提高警覺，我們自己在社交媒體的行為，也會為駭客帶來更多發動攻擊的機會。我們喜歡在線上張貼愛車的照片，討論愛去的餐廳，喜歡公開自己的工作史與個人網路，喜歡在我們訂閱的文章上公布鏈接，卻沒有想到，可能有人利用這些資訊劫持我們的數位身分。

數據庫與個人資訊儲藏的中央化，可能造成的危害還不止於財物與社會範疇而已。醫療身分竊取事件也在迅速增加。在這類事件中，有人會用偷來的社會安全號碼取得你享有的醫療保險，用你的保險付費。不幸的是，別人用你的保險看病，最後付帳的是你。此外，我們一旦將所有我們的電子醫療紀錄連線，儲進IBM「華生」（Watson）這類大型人工智慧系統，想從我們的永久紀錄中刪除錯誤數據，也會變得愈來愈難。

這些遭到篡改的錯誤數據可能造成不良診斷，導致治療風險。假設有人用你的保險填了一分醫師標準處方箋，說你並沒有對某種藥物有任何過敏，然而，事實上你對這種藥物非常過敏。萬一你不幸發生車禍，而那種藥物是治療你的傷勢的標準療程。但你已經神志不清，無力更正紀錄，於是陷入危險的過敏反應：這是一場完全可以避免的悲劇。

競相讓使用者更安全

今天市面上已經有許多工具，可供你取得非常高度的安全與保護。問題是這些工具的技術性太複雜，不僅需要高度專業知識，使用者介面也無比艱澀，特別是與一些安全功能較差的代用工具相比尤其如此，讓一般人幾乎不可能使用。安全科技需要更加簡單易使。

好在這方面的事情已經有所進展。個人雲（personal clouds）為你提供除了Dropbox這類服務以外的另類選項，讓你可以使用自己的雲端系統，控制自己的數據存取。能幫我們控制、管理我們的數位足跡的工具即將出現。公司也終於建立原廠設定，支援使用者實際行為，而不再想方設法、讓使用者共享更多資訊。臉書已經建立一些最頂尖的系統，能根據位置、電腦型號、查詢時間點、瀏覽器型式等等關鍵信號，檢驗查詢你的密碼的人究竟是不是你本人，以阻擋社交工程攻擊。

有關未來安全與隱私生活的討論，談到一個最黑暗的問題：遲早有一天我們的DNA會解碼，無論我們喜不喜歡，生物識別技術（包括臉部、聲紋、步態、指紋識別等等）會掌握我們日常生活的每一刻。我們需要仔細深思個人隱私價值的問題。

難以取得的平衡

透明、查核、與權責都是對抗安全風險的必要手段。公司在構建系統時，必須預做有一天系統遭駭的準備。公司需要研發科技，以便在我們遭駭時通知我們，同時自動採取行動抵擋入侵。公司必須運用「區塊鏈」（blockchain）這類科技，設計分散式、有彈性的系統，以防範駭客入侵與資訊走漏。

在隱私問題上，我們迄未取得怎麼樣才可以接受的共識。把什麼東西擺到線上，是我們都有選擇權的事，至於網路會從我們身上蒐集什麼，則是我們大體上無法控制的事。隱私的確切價值應由世界各地的人民與政府來決定。或許我們需要全面禁止對臉部識別數據的祕密蒐集。或許我們需要強制規定，任何在公共場所掃描臉孔的系統必須明確標示、宣布。或許我們需要改革侵權責任法，使我們所用裝置的研發人與製造廠商更加重視我們的安全。今天的科技公司可以輕易從我們身上取走我們的數據，用它們對付我們而且逍遙法外，或許我們需要通過憲法修正案，讓我們終於能在法律上與這些公司分庭抗禮。

政府有責任訂定法律、保護民眾，但我們必須告訴我們的決策者我們要的是什麼。如本書前文所述，法律是條文化的道德規範；我們的政治領導者理當按照我們的意願，根據我們達成的社會共識施政。以歐洲為例，歐洲國家刻正加緊對美國科技公司的規範，不僅要求它們遵守更嚴厲的標準，還規定數據必須在地儲存，不能跨邊界存進美國。不過這類做法效用不大。

還有一個辦法可以迫使科技公司更嚴謹地對待我們的數據。販賣網路保險的保險公司可以提高保費；要保業者為取得（往往是營業所需的）保險必須通過安全審查。提高個人隱私保險的價碼，讓個人隱私破壞事件為業者造成更嚴重的財務風險，或許能迫使公司更加小心翼翼、維護你的個資安全。隨著敲詐、身分竊取、與駭客問題日趨嚴重，社會大眾對隱私的意識不斷高漲，通過這類法案的難度也會持續降低。不幸的是，讓人們相信必須修改現有法令的最佳時機，總在人們隱私剛遭到破壞之後，因為人們只有在這一刻，最了解不採取行動的後果。

我們要有身分可能遭竊、可能受到敲詐、可能面對可怕的產業性駭客攻擊的準備。不過上一代科技最嚴重的問題，經常可以用新一波科技的第一代技術迎刃而解，直到它們引發自己的議題、需要加以解決為止。

好處是否超過風險？

無所不在的數位資訊侵占事件，對我們每一個人都將逐漸形成巨大風險。這類作為很難追蹤：想了解誰知道我們些什麼，從哪裏知道的，愈來愈難了。但從線上照片到社交網路、到線上文件儲存，數位生活方式的好處不僅無可否認，而且似乎也不可能扭轉。既如此，好處是否超過風險？

我們把這麼多個資這麼不設防地放到線上，好處雖說很多，但是否值得冒這麼大的風險，我的感覺是既期望又怕受傷害。因為治理線上數據使用的系統根本不是一個系統，而是亂糟糟、糾結成一團的急就章式商業關係，它能為我們提供的法律保護很少，現實世界的保護更是少得可憐。對我而言，比起因此面對的巨大風險，點擊一下就能線上訂購、就能自動簽入臉書免付費網站的好處，不過是一碗稀粥罷了。大問題是，使用者（意指你與我）只有兩個選項：要不進去，要不退出。

我們不應被迫做這樣的選擇。管理敏感數據的新做法可以讓使用者居於主導地位，或者只蒐集進行手邊工作所需的必要數據。我們需要大幅改變我們對數據蒐集的想法，將系統設計重心擺在使用者數據管理與使用者隱私權益，而不是對這類使用者問題掉以輕心。使用者會透過線上活動表達他們的心聲。著名未來學者與作家凱文．凱利（Kevin Kelly）在他寫的《必然》（*The Inevitable*）一書中指出，「虛名戰勝隱私」，我們為換取社會認同，會不惜把自己鉅細靡遺暴露在社會面前：「他們願意接受透明的個人化共享……如果說今天的社交媒體，讓我們對於身為人類一事學到了些什麼，那就是人類對共享的渴望，遠勝於對隱私的渴望。」[6]

部分也因為我們個資失控的成本藏在暗處、不易了解，凱利此言不虛。但根據我的判斷，當身分竊占事件愈來愈猖獗，當我們的個資完全暴露在信用評級機構與惡毒的線上盜賊眼前時，更多更多的人會更重視數據安全問題，使安全與隱私成為必須解決的議題。到那一天，隱私會戰勝虛名。

簡言之，就目前狀況而論，我認為犧牲我們的安全與隱私換取線上便利並不划算。

更精確地說，由於今天我們承受的這些安全與隱私系統，無論在結構與監管上都做得很差，我們不得不做出這樣的選擇，令我憤慨。以目前而論，我認為你不該將所有個資攤在線上、相信不會發生惡果，這樣做不值得。如果你必須與他人共享它們，我建議你管理、了解這些數據是如何使用的，以便降低風險。是的，以目前情況而論，想做到這一點幾乎是一項不可能任務。而且除非我們極力爭取，這件事也不會變得更簡單。學習這些科技、了解它們帶來的影響之所以如此重要，原因也就在這裏。

第十章

無人機來了

你或許得上超市一趟，買一些晚宴需要的東西。也或許你在即將遠行以前得趕到藥房，取補上的處方藥。到二〇二〇年代初期，小型無人機會替你跑腿，還能幫你做其他許多工作。

亞馬遜與谷歌這樣的公司，早就在籌畫用無人機送貨的服務，但美國境內第一次經過授權的商用無人機快遞服務出現在二〇一六年七月：當時7-Eleven為內華達州蘭諾（Reno）的一名顧客，送思樂冰、雞肉三明治、甜甜圈、熱咖啡與糖果。[1]在英國，一家積極進取的達美樂披薩（Domino）加盟店，在二〇一三年六月用無人直升機送披薩而成為新聞頭條。全球各地已經出現好幾百家用無人機送貨的新創公司。創投業者凱鵬華盈（Kleiner Perkins）估計，無人機在二〇一五年完成四百三十萬次交貨，而且這個市場正以每年百分之一百六十七的腳步成長。[2]

自汽車問世以來，運輸科技引發如此洶湧的創業潮，這還是第一次。跨進無人機製造業這一行的門檻極低。商品無人機開始與商用型競爭，存心不軌的編碼人與駭客，也因Arduino電路板與開放原始碼軟體（open-source software，OSS）的普及，更能輕鬆造出專用無人機，幫他們遂行不可告人的用途、幫他們賺黑錢。在軍方開始積極使用無人機作為遙控殺人機器之後不過十年，同樣科技已經人人都能享用（並不是用來追殺恐怖分子）。

無人機也叫做「無人飛機系統」（Unmanned Aircraft Systems，UAS）與「無人空中車輛」（Unmanned Aerial Vehicles，UAV）。它們的沿革是指數科技成長運作的最佳範例。早在五十多年前，人們已經開始用無線電訊號遙控飛機飛行。這類遙控導航裝置有一個大問題：如何保持飛機穩定，不讓飛機在碰上旋風時墜毀。由於有這個問題，只有技藝非常高超的人才能操作無人機。無人機必須攜帶大型攝影機與雷達收發機，以便將影像與數據傳送給守在地面的作業員。現在，廉價、強大、重量卻很輕的電腦與感應器可以辦到這些工作，無人機製造成本大幅降低，推進系統可以輕鬆載運升空的有效載荷處理能力也比過去快了許多。

真正改變這場遊戲規則的是自動駕駛。軍用與商用飛行運用這些科技已有幾十年歷史，但性能良好、每個人都可以取用的自動駕駛軟體問世不過幾年。部分原因是這種軟體沒有必要，因為美國聯邦航空管理局（Federal Aviation Administration，FAA）禁止人民在公共空間進行「超視距」（over-the-horizon）的無人機飛行。不過FAA似乎即將解除這項禁令，而無人機製造業者幾年來一直在實驗私人無人機超視距飛行。目前進入測試階段的無人機，能夠遵照一條用圖釘標示的路線飛行，還可以自動降落，或視必要飛回一處充電站。舉例說，你可以用大約兩百美元在亞馬遜買一架Parrot AR Drone。這種四軸無人飛行器可以將高畫質串流網路影片，傳到控制它的iPad或智慧型手機上。它裝備一個三軸加速計、陀螺儀、與磁力計，以及壓力與超聲波感應器。在二、三十年前，這樣的感應器要價數十萬美元，重達好幾十磅。基本上它們都是軍用硬體與科技。今天在中國，只需幾千美元就可能買到與美軍軍用型相差無幾的無人機。

我們正進入「三維機器人」（3D Robotics）創辦人克里斯・安德森（Chris Anderson）所謂「無人機時代」。安德森是無人機ＤＩＹ浪潮的先驅，是廣泛運用無人機的主要倡導人。安德森於二〇一二年在《連線》雜誌撰文說：「有史以來，玩具業與玩家在軍事工業系統眼皮子底下擊敗這個系統的第一項科技，就是無人機，這麼說應該錯不了。」[3]

這是好事，也是壞事。無人機由於能在不虞交通壅塞的空中直接前往目的地，可以取代所有其他地面運輸。在城市與郊區，無人機可以取代運送車輛，從而紓緩都市塞車現象，減少碳排放，還能省錢，讓民眾少跑急診室（車禍會致命的）。今天，你向餐館點披薩，有人就會開一輛排著碳的兩噸貨卡來到你家門口，為你送來一磅上面加了配料與蕃茄醬的麵餅。但只有幾磅重的無人機可以無分晝夜、不論晴雨，把披薩送到你府上，而且比真人送貨做得更好。

無人機還可以代人執行危險性高的工作，如檢視屋頂、手機基地台、與橋梁等等。在加州這類乾旱地區，無人機可以一天二十四小時不斷偵測，將偵測範圍覆蓋全部州界近百分之百的地區，迅速找出發生野火的地點。

由於無人機的價格如此低廉，而且愈來愈便宜，無需多久，開發中世界很可能也能享有西方世界即將享有的同樣空中服務。到了那一天，世上相對較窮的國家可以迅速躍入更現代、更有效的時代。以次撒哈拉沙漠的非洲與部分亞洲地區為例，對這類服務的需求就極為迫切：因為當地運輸網路不可靠，農耕或醫療裝備零組件往往需時數周或數月才能取得補給。

這類變化已經近在眼前。聯合國兒童基金會（UNICEF）準備在馬拉威展開測試，用無人機載運醫療樣品前往馬拉威偏遠地區。[4]不只是開發中世界，美國西維吉尼亞州貧困鄉區也在測試同樣服務。二〇一五年七月，澳洲新創Flirtey用一架六軸無人直升機，將幾箱處方藥運到西維吉尼亞州維斯郡（Wise County）一所偏遠的急救站。[5]與傳統工具相形之下，用無人機載運攸關性命的藥品快得多，一般情況下都能當天交貨。

美國醫生選用無人機向偏遠地區運送醫療用品的事實，說明無人機還有一種深奧的平等化效應。美國已經迅速都市化。就業機會與資源不斷湧向人口稠密地區，一些鄉村地區逐漸掏空，變得愈來愈窮。再加上基礎設施的年久失修，都市化造成兩個國中國，一是富足的都市與郊區，一是貧乏的鄉區。無人機可以為富足的美國帶來更多便利，也能為貧乏的美國提高生活水準。假設你住在西維吉尼亞，使用成本低廉的無人機運交日用雜貨以後，你不必經常花一個小時開車到沃爾瑪（Walmart），可以省下油錢（至於時間的節省就更加不提也罷），對生活水準會是一大改善。如果一家小工廠需要距離它最近的經銷商提供零組件，與其用聯邦快遞（FedEx），用無人機直接運交不僅成本較低，速度也較快。

無人機的農業用途也很廣，例如可以監控雜草與作物生長情形，可以視情況必要噴灑殺蟲劑，可以追蹤土壤水化作用以調整灌溉等等。無人機還能幫助農人推動所謂精準農業，將投入資源的效益發揮到極致，減少可能排放到附近河川與溪流的汙染物。

無人機的黑暗面

二〇一五年六月，加州發生災區廣達一千七百英畝的森林大火，一架遊戲用無人機闖進一架救火運水機的航道，迫使加州森林火災防護局（California Department of

Forestry and Fire Protection，CAL FIRE）取消當天晚上附近地區的一切空中救火作業。[6]這類無人機造成險些撞機意外事件正不斷增加。同年八月十六日，星期日，美國聯邦航空管理局在五個州總共記錄了十二起無人機事件，其中危及載人飛機的無人機多達十六架。在那一天，嚇壞了的機長提出報告說，兩架大型民航機在洛杉磯國際機場上空險些與無人機相撞。根據美國聯邦航空管理局發表的數據，無人機闖入飛航禁區或險些與其他飛機相撞的事件已經有好幾百起。

無人機闖下的禍不僅限於無心之過而已。罪犯也愛用無人機。他們用無人機將違禁藥品送進俄亥俄州一所監獄。二〇一五年八月，墨西哥毒品走私集團用無人機載了二十八磅海洛因跨過美國邊界。[7]一名十八歲的機械工程系學生改造一架無人機，在機上裝備可以遙控發射的手槍。（他因此被捕）[8]

我們也知道，反西方團體已經將無人機改裝成武器。伊斯蘭教極端組織真主黨（Hezbollah）正打造一支大規模的無人機武力，準備對以色列發動空中攻擊。真主黨已經數次使用無人機飛越邊界，在距離關鍵基礎設施非常近的空中飛行。二〇一六年十月，伊斯蘭國（ISIS）的一架無人機爆炸，炸死兩名當時想阻止它進行偵測的庫德族（Kurdish）戰士。[9]

對真主黨、伊斯蘭國以及其他極端組織而言，無人機可以大幅提高它們對付先進國家的力量，因為使用無人機以後，不需召募「烈士」，不需準備裝滿炸藥的自殺背心，也能發動「自殺」炸彈攻擊。許多國家正著手建立無人機防禦措施，以擊落飛得較慢的無人機，或干擾無人機GPS訊號。雖說如此，面對滿載炸藥、蜂擁而至的無人機，是否有任何國家已經有可靠對策，目前還不清楚。此外，毫無疑問，其他形式的無人機武器系統（例如裝上機槍與毒氣的無人機）也將相繼出現。

好處是否超過風險？

就整體而言，我們對無人機的欲求有多大，主要取決於無人機濫用的程度，以及我們能不能迅速針對這些濫用找出對策而定。與喪失個資保護與隱私不同的是，我們身為一個社會，可以禁止無人機銷售、限制它們的作業、建立反制遙控的電子措施，讓無人機無法存活，還可以發展科技讓它們在某些地區不能施展。

不過與這本書提到的其他大多數科技相形之下，無人機帶來的得失利弊比值最為健康。而且我們可以採取幾項行動以降低風險。

首先，我們需要建立一套避免撞機的核心科技架構。雖說這不是小問題，但成功解決的可能性似乎在不斷增加。自駕車就得處理許多同樣議題，而且還必須在更擁擠、更危險、人類不斷幹著傻事（例如一邊開車，一邊發簡訊）的道路上避免相撞。新一代自駕車的雷射感應器將嵌在車輛底盤上。無人機甚至可能不需要這麼精密的科技也能避免撞機：只需在每一架無人機上建一個簡單系統，讓它在飛行時發出訊號，向附近其他無人機示警就能解決問題了（如何避免與飛鳥相撞是另一個問題）。

第二步是為無人機建一個飛航控制系統。這必須是一個自動化系統，必須能夠啟動緊急關閉開關，把一架發生障礙或構成危險的無人機拉下來。我們需要為無人機建立特定城市空中走廊，限定無人機只能在走廊內運行。

我們還需要建立類似軍方研發中的那種民營與商業性空防系統，保護我們的學校、家庭與公司，以防無人機監測與攻擊；這類系統有一天可能發展成類似《星際爭霸戰》裏面那種看不見的保護盾。

這一切在技術上都是可行的。此外，我們還需要辯論社會可以接納什麼，然後根據社會共識建立法律架構。送貨無人機上的攝影機在飛進顧客住宅之後，能不能繼續記錄、儲存一切鏡頭？基於同理，無人機能不能飛越私人資產，它們的飛行路線是不是應該局限於兩個無人機場之間的公共道路？我們是否有權擊落擅自闖進我們資產上空的無人機？美國憲法修正案第二條如果准許個人擁槍自衛，是不是也讓個人操作自己的防衛性無人機？

美國聯邦航空管理局在二〇一六年八月實施美國境內商業用無人機新管理條例，並且正根據有關無人機使用與需求新知進行更新。[10]它規定，無人機必須在操作人的視線裏飛行；必須在白天運作；操作人必須至少十六歲；相對地面速度不得超過時速一百英里，飛行高度不得超過四百英尺；操作人必須持有執照。這些規定規範的對象包括觀測、房地產拍照、與現場勘查等，但不適用於無人機運貨作業。因為運貨作業使用自駕科技，沒有操作人遙控導航。

全美各州州議會也在辯論如何管理由人遙控的無人機。他們得處理執法當局的需求，得解答選民提出的問題。無人機可以用於娛樂休閒，還可以用來玩打獵遊戲。根據全美州議會會議（National Conference of State Legislatures）發表的數據，到二〇一六年為止，已有三十二個州訂定處理無人機系統的相關法律，另有五個州也已通過相關決議。[11]

美國聯邦航空管理局與各州能夠積極研究這個議題、聽取商界與民眾的心聲是個好兆頭。一旦有了明確而合理的規範，無人機產業的發展腳步可以加快許多，相關的安全保護也會強得多。

這些科技更能促成我們自主，還是造成我們依賴？

就無人機的案例而論，自主與依賴都是相對簡單的選項。降低運費成本，將貨品順利送交目的地對每個人都有好處。窮人得到的好處不輸給富人。無論怎麼說，無人機會愈來愈廉價，幾乎每個人都能負擔得起。談到自主，我們也有明確的選項：如果不想讓星巴克無人機一早飛來替我們送拿鐵，我們總可以開車去店裏拿；或者還可以坐上自駕車，載我們去星巴克。

有關無人機的這些考慮，充分說明了一個我一再強調的要點：身為社會大眾的我們，必須了解先進科技，必須決定新科技怎麼樣才合乎我們的道德觀，怎麼樣才可以讓我們接受，然後告訴決策當局應該訂定什麼法規。想營造星際爭霸戰式的未來，這是重要關鍵。

第十一章

名牌基因，我們腸裏的細菌與精密機器

在不久的將來，我們會經常分析我們的遺傳物質；大約十年以後，我們可以在自己家裏下載、「列印」根據我們的DNA量身打造的藥品、組織、與細菌，以保持我們健康。簡言之，我們都將成為生物駭客與業餘遺傳學者，都能了解我們的基因如何運作，如何對治我們的基因。這是因為這類科技正以指數科技曲線飛速成長。

科學家在二〇〇一年發表第一篇人類基因組分析。人類基因組測序是一件漫長、成本高昂的工作。這項工作以政府資助的人類基因組專案（Human Genome Project）打頭陣，之後在賽雷拉基因組（Celera Genomics）與它的科學家執行長克雷格・凡特（Craig Venter）全力投入下終於有成，歷時超過十年，花了近三十億美元。今天，數不清的公司能用不到三天時間為你的DNA徹底測序，而且成本只要大約一千美元。23andMe這類創投支持的公司，甚至可以讓消費者在沒有醫生參與、沒有處方的情況下，自行做部分人類DNA測序，而且費用可以低到一百九十九美元。

我們預期，到二〇二〇年代初期，DNA測序成本將與一般驗血的成本不相上下，而且在那以後還會低到幾乎不花錢。所以能這樣，原因同樣是科技的飛速成長：微處理器科技飛速發展，每十八到二十四個月就能將速度加快一倍，就能將成本削減一半，也因此，為DNA測序的電腦速度愈來愈快、功能愈來愈強。有一天，有人會推出一種滿載感應器的小儀器，或一種裝在智慧型手機上的應用程式，可以不居場合、用幾秒鐘時間完成測序：在你的手指上刺一下、分析你的ＤＮＡ，這樣就完成了。

到二〇二〇年代中期，ＤＮＡ測序或許會成為例行健康檢查程序的一部分。醫生會根據你的基因組與其他因素決定怎麼為你治療，判斷可能帶來的風險。ＤＮＡ測序比其他檢驗都精確。

一組科學家於二〇一四年三月在《新英格蘭醫學雜誌》（*The New England Journal of Medicine*）發表研究報告指出，在預測唐氏綜合症方面，胎兒ＤＮＡ測序的精確度比標準驗血與超聲波篩檢強十倍；在另一種罕見疾病「三染色體18症」（Trisomy 18，按：又稱為「愛德華氏症」〔Edwards syndrome〕或「18三體症候群」。生殖細胞行減數分裂時，如果發生某個染色體「不分離」〔non-disjunction〕的現象，就會導致精子或卵細胞染色體數目異常。受精後成為染色體數目多了或少了的胚胎，出生後的嬰兒容易引發致命疾病，相關罕見疾病包括：三染色體21症〔唐氏症〕、三染色體18症〔愛德華氏症〕、三染色體13症〔巴陶氏症，Patau syndrome〕與單染色體X症〔透納氏症，Turner syndrome〕等。）的預測上，精確度也比標準做法強五倍。「三染色體18症」是一種細胞分裂錯誤導致的病變，容易在嬰兒出生最初數月與幼年引起致命的併發症。[1]

在世上最先進癌症治療中心、紐約市的史隆恩·凱特林紀念醫院（Memorial Sloan Kettering Hospital），科學家正在研發最先進的ＤＮＡ檢測，這種檢測能讓醫生迅速發現，患者的腫瘤是否帶有臨床有用的突變，以方便特定藥物捕殺癌細胞，從而根據個別病患狀況進行治療，或為病患進行最有利的臨床試驗。

不過這類研發的進程並非一帆風順，批判它們的人也不在少數。科學家在基因組藥物領域已經遭到幾次慘重挫敗。舉例說，以癌細胞分子靶標（molecular targets）為目標、能讓癌症緩解的藥物，結果未能帶來持久療效，反而造成癌細胞以更凶悍的形式反撲。批判這類所謂「精準醫療」（precision medicine）的人士說得沒錯：科學家還不是很了解基因究竟如何運作。批判者以所謂「垃圾ＤＮＡ」為例，證明他們的看法：科學家直到現在才發現，這些過去一般認為沒有積極作用的ＤＮＡ，其實在生物過程中扮演重要而積極的角色。

不過我們會克服這些障礙，研發出新科技，因為許多事情都在發展中。由於已經擁有大量可資運用的基因組數據，以及任意測序的能力，科學家可以進行實驗，可以從錯誤中學習，迅速邁向新理念。在人工智慧與大數據分析工具協助下，他們能將ＤＮＡ與生物過程之間複雜的關係解密。愈來愈精確的知識以及對ＤＮＡ更深入的了解，能促成我們對醫藥與健康觀念的大規模轉型，讓我們從廣泛醫療轉型為個人醫療。

醫療的大轉型：從廣泛醫療轉型為精準基因組靶標醫療

美國前總統理查．尼克森（Richard Nixon）在一九七二年宣布對癌症宣戰。尼克森希望我們有一天，能夠像宣告根除天花與小兒痲痺症一樣，也宣告跟除了癌症。這是一場雖然崇高、但注定失敗的戰鬥。因為早在當年，醫生已經知道癌症不是一種單一疾病，但無論化療與放射性治療，仍然只重視局部與總體進程，但是並不著重於特定細胞生物療程。

今天，癌症仍是我們揮之不去的夢魘，但有關這類疾病的調查，已經引發一場醫療思考大轉型。

以乳癌為例，不僅醫生，許多病人現在都已了解乳癌包含許多在遺傳領域各不相同、就生物學角度而言互不相關的病症。以女星安潔莉娜．裘莉（Angelina Jolie）這類名流為例，在發現身上的基因有一天極可能在乳房引發惡性腫瘤時，或許決定動乳房切除術，但這未必是最適當的反應。

美國國家人類基因組研究所（National Human Genome Research Institute）所長艾利克・葛林（Eric Green）解釋說，癌症基本上是一種遺傳學病症。葛林在與我討論這種科技的未來時說，「過去醫生根據第一次出現症狀的人體組織，對癌症進行分類，像是結腸癌、乳癌、腦癌等等。但現在，醫生開始根據它的遺傳特性對癌症進行分類，並依照不同突變的特徵選擇治療辦法。這種做法能使病患得到最有效的治療，同時還能將藥物導致的不良副作用降到最低，特別是當化療不可能有幫助時尤其如此。」

DNA測序的用處已經從純研究角色，擴展到診斷、臨床醫療、與藥品研發。科學家已經能藉助大量數據，找出五千多種因蛋白質編碼基因突變，而導致的遺傳疾病的關鍵基因特質。孟德爾遺傳學研究中心（Centers for Mendelian Genomics）已經展開一項大規模研究計畫，尋找這種讓兩千五百萬美國人受害的疾病的基因組基礎。它的研究人員在二〇一五年八月的一篇報告中說，他們已經找出兩千九百三十七個基因的突變，而且拜「新一代」DNA測序科技之賜，還能以每周三個發現的速度不斷進展。[2]

史隆恩・凱特林醫院刻正利用IBM華生為病患提供個人化療程。華生可以閱讀一切醫學文獻，研就各種藥物反應，從基因組合、背景、與癌症類型類似的病患治療成果中進行篩檢，找出最佳治療之道。醫生不可能在合理時間內辦到這樣的事。

史隆恩・凱特林醫院用人工智慧幫助醫生更聰明、讓醫生全力投入需要人類親和與判斷的醫學領域，標誌著又一重要轉型。雖說華生或許能告訴醫生哪一種化療手段成果最佳，電腦卻不能幫病患決定是否繼續接受讓病患痛苦萬分、康復機會卻很渺茫的治療。極端嚴重病症的醫療決定總是人的決定，基於這個理由，我們仍然非常需要醫生、護士、與其他真正有同理心的人的幫助。（人工智慧還要等很長一段時間以後才能取代這些工作。）

精準醫療新時代的出現，以及對基因與環境刺激的詳盡了解，進一步助長了我們對極度長壽的追求。以谷歌為例，推出一家叫做Calico的新公司，專門研究如何大幅延長壽命；克雷格・凡特共同創辦的人類長壽公司（Human Longevity）也正透過幹細胞治療，希望能緩解老邁引起的疾病，讓人健康長壽。人類長壽正在為數十萬基因組測序，一方面運用功能性核磁共振掃瞄（functional-MRI scans）從人體體內取得影像與數據，以便進行「基因漂變」（genetic processes）與活體生物漂變的比對。

基因組過後，醫學研發下一個大突破也已經近在眼前：微生物，就是生活在你的肚腸內的細菌。這是我最感興趣的一個領域，因為它讓我們可以宏觀整個人體組織。科學家逐漸達成一項結論：環境、基因組、與人類健康之間的關係還欠缺了一環，這一環就是微生物。他們發現，一個人體內住了什麼類型的微生物，與這個人的基因行為以及是否健康有關係。

微生物：人體內的細菌雨林

許多孩子在出生時帶有一型糖尿病基因特性。這些嬰兒在之後幾年間有些確實罹患糖尿病，但也有些沒有。所以造成這種現象的一個關鍵因素可能就在微生物。二〇一五年二月，麻省理工與哈佛大學研究人員發表人體微生物對一型糖尿病影響研究報告，這是迄今為止，有關這個主題的最全面的報告。[3]這些科研人員追蹤大量嬰兒從出生到三歲的體內微生物狀況，發現之後罹患糖尿病的孩子腸內細菌多樣性少了百分之二十五。此外，罹患糖尿病孩子的細菌混合，也從有助健康的類型轉為容易造成炎症的類型。

相互關係雖說不是因果關係，但這些研究成果進一步證明我們腸內的細菌對我們的健康影響甚大。事實上，操控微生物或許比操控基因組與基因藥物更重要。基因組與基因療法需要或多或少的勇氣以進行生理性改變，操控微生物的做法不一樣，它比較直截了當而安全：只要將各式各樣適當的細菌混在一起，移植到你的腸裏就行了。

用糞便成功治療克隆氏症（Crohn’s disease）近來成為醫界最熱門的一個話題。單在美國境內，這種消化道自體免疫功能失調症就讓數以百萬計美國人受盡折磨。解決之道已經在研究中，而且或許會造成其他併發症，但似乎相對簡單：只要用健康人的一小分糞便樣品，放在攪拌器裏用水攪拌，用這種攪拌液替克隆氏症患者灌腸就可以了。[4] 我知道這聽起來非常噁心，但直到目前為止，事實證明這種療法極為有效。針對其他疾病的類似研究也已在進行中。[5]

你吃的東西也會影響到腸內的微生物。《自然》（*Nature*）雜誌刊出的一篇研究報告說，改變飲食可以在三到四天內造成體內微生物急遽變化。[6] 杜克基因組科學與政策研究所（Genome Sciences and Policy）助理教授、這篇研究報告作者之一的勞倫斯．大衛（Lawrence David），告訴《科學美國人》（*Scientific American*）雜誌，「我們發現，生活在人體腸內的細菌對飲食變化的反應敏感得出奇。不過幾天，我們不僅見到形形色色細菌的變化愈來愈豐富，它們表達的基因也變化多端。」研究人員發現，膽汁酸分泌量出現變化。最讓人稱奇的是，他們發現，原生於食物上的細菌，可以在我們吃這些食物（例如細菌最愛的起士或肉類）時應付膽汁酸，在我們腸內繁衍。

這項研究說明飲食很重要，但了解這一點雖能讓人下決心改變飲食，但要人改變飲食是非常困難的事。（大多數健康飲食計畫最後不了了之，原因不就在這裏嗎？）不過，我們或許可以運用補充物或用其他傳遞機制，改變我們肚子裏微生物的平衡，讓我們不必改變飲食也能保持健康。科技的迅速進步在這方面成果豐碩：各式各樣微生物分析已經在幾百萬人腸內找出細菌群落型態，用這些型態作為分辨病人與健康人腸內內容的藍圖。醫生可以參考這些藍圖決定治療辦法，可以更有效地操控微生物。所以說，一天一分優酪乳或許可以常保健康；對許多代謝綜合症來說，吃對了起士，或許比藥物或其他改變生活方式的療法更有效。

基因組藥物、基因靶標藥物研發、以及微生物操控都仰賴DNA判讀能力。但我們已經在幾年以前超越了單純的DNA判讀，開始寫DNA：創造非自然演變而成的生命形式。

改變生命本身：合成生物學的崛起

用電腦設計一種可以治療殺人惡疾的病毒；能透過合成、滿足人類無限燃料需求，或者能消滅地球上每一個人的新型細菌；針對美國總統基因組施放特製生物毒素；在奧運展開之初對選手進行基因調控以創造佳績：這些都是科幻小說情節嗎？事實上，我們早已朝這方面做了很久。今後一百年，人類在回顧今天時，或許認為今天是基因科學出現最大歷史性轉型的一刻：從DNA判讀與了解DNA，轉型為活體DNA編寫，用基因再生造出的新染色體創造全新有機體。

二〇一〇年五月，克雷格・凡特宣布，他的團隊首開人類史紀錄，用他們造出的全新DNA建了一個合成生命形式。這個命名為「Mycoplasma mycoides JCVI-syni.o」、又叫「Synthia」的有機體，是用一百零七萬七千九百四十七個DNA鹼基對（base pairs）合成的一個基因組，緩緩成長而成、無害的細菌。凡特團隊用一個合成基因組注入一個不含DNA的細胞，造成Synthia。

凡特用來「寫」這個新有機體基因的科技，相當於用雷射列印機「列印」DNA。DNA由一個雙螺旋連結核酸鏈，結構很單純。今天市面上已經出現幾家DNA列印供應商，例如Thermo Fisher Scientific與GeneArt等，出售DNA合成與組裝服務。目前它們的收費，以需要組裝的氨基酸鹼基對（基因的化學成分）數目為計價標準。從二〇〇三到二〇一五年，組裝成本從每一鹼基對四美元跌到二十分。二〇一六年三月，一家叫做Gen9的公司為長程DNA構築開出組裝新低價：每一鹼基對只要三美分。[7]

到二〇三〇年代初期，我們很可能可以上網搜尋基因設計，下載到電腦上，然後根據需求進行調整。感冒與流感疫苗設計，以及流行病客製化藥品可以一經上市就在全球各地線上發售，列印它們的過程就像現在用智慧型手機下載應用程式一樣簡便。新科技讓我們每個人都能列印我們自己的藥，也或許，讓我們成為在自家後院偷偷搞優生的人。

你或許還記得喜劇片《大家來我家》（*A Prairie Home Companion*）中那句「所有孩子的資質都超過標準」的台詞。有一天，對負擔得起的人來說，新標準會超越舊標準。有一天，當只有境內富人才能享用第一流基因產品、其他人無緣享用時，美國政府應不應該提供優生改善津貼，讓國民都能公平競爭？會不會有一天，富人因為買得起較好的基因組，能活得遠比窮人更久、更健康？

由於另一遺傳學科技，我們可能比你想像中更快就得面對這些問題。

中國科學家在二〇一四年宣布，他們成功造出了在胚胎階段經過基因改造的猴子。[8] 二〇一五年四月，中國另一組研究人員發表文件，詳細說明有史以來第一次編寫人類胚胎基因的過程。[9] 這項行動沒有成功，但震驚了世界：這樣的事竟然這麼早就發生了。之後，二〇一六年四月，又一組中國研究人員提出報告，說他們運用一種叫做CRISPR-Cas9系統的新科技，成功改造了一個人類胚胎基因組，讓它抗拒ＨＩＶ的感染。[10] Cas9

是加州大學柏克萊分校的珍妮佛・道納（Jennifer Doudna）與麻省理工的張鋒在美國研發成功的系統，能將一個細胞剪開，從裏面抽出一片DNA，然後讓細胞重新接合，可以用來剔除DNA中的壞成分。

使用CRISPR剪輯一個基因的材質成本約在五十至一百美元間。換句話說，比起剪輯一個基因，或用CRISPR建一個新DNA結構，買票觀賞一場NBA職業籃賽要貴得多。

短期內，科學家希望運用CRISPR剪輯人類基因，以治療囊性纖維化（cystic fibrosis）與其他可以致死的遺傳病。看好這項科技的人認為，就長期而言，合成生物科技有巨大潛能。一旦掙脫進度緩慢的演化束縛，我們可能可以剪輯基因，建立新基因，根除所有遺傳疾病。我們可以用另類基因迅速反應，對抗西班牙流感這類奪走數千萬條人命、令人談虎色變的傳染病。我們還可以設計新品種食用植物，讓它們比現有一切植物更營養、更強悍、更可口。

將經過基因改良的有機體釋入荒野的做法，已經引起相當的道德與科學顧慮。舉例說，在美國南方釋出經過基因改造的蚊子，以減少蚊子帶來的熱帶病症的計畫，已經遭到強烈反對。[11] 改變昆蟲的基因已經爭議一籮筐了，改變人類基因（現代優生學）已經造成科研界大分裂。儘管如此，以改變人類基因為目標的研究已經在全球各地展開。雖說我們還不能像重新設定硬碟一樣，重新設定我們的基因組，但擁有這樣能力的一刻已經為時不遠。

不過，竄改我們的遺傳物質是個危險的勾當。著名科學家以風險巨大為由，要求禁止剪輯人類基因組。就連發明**CRISPR**的珍妮佛·道納本人，在人類基因改造問題上也力主謹慎。她對《紐約時報》（*New York Times*）說，「影響進化是一件非常深奧的事。」[12]

我從未曾主張科技發展腳步放慢，但二〇一五年九月，我在《華盛頓郵報》寫了一篇專欄文章〈基因剪輯何以需要緊急喊停〉（*Why there's an urgent need for a moratorium on gene editing*）。[13]我在文中說，在允許研究人員從事人類胚胎基因改造研究以前，我們必須進一步了解這項科技，在有關道德標準問題上達成共識。

我們根本還不知道基因改造可能造成什麼無意造成的後果。如果基因改造導致可怕的疾病怎麼辦？如果因此導致腦部化學特性變化，讓健康的基因組產生突變，造成一個精神異常、冷血無情的超人怎麼辦？如果一個合成病菌從實驗室流出來，引發一場殺害千百萬人的大瘟疫又怎麼辦？

二〇一五年十二月，一組傑出科學家表達了同樣關切。他們在美國國家科學院

（National Academy of Sciences of the United States，ＮＡＳ）、美國國家醫學院（Institute of Medicine，IoM）、中國科學院（Chinese Academy of Sciences）、與倫敦皇家學會（Royal Society of London）在華府舉行的一項會議中提出呼籲，要求實質上暫時禁止對人類基因組進行遺傳改造。[14]他們說，在對風險有更好的評估，對任何基因改造計畫的「適宜性達成廣泛社會共識」以前，進行這類改造是「不負責任的」。他們表示，有一天，當知識進步，「可以定期重新檢討」持久改變人類基因組的議題，也就是說，未來仍有改變人類基因組的可能。

但這些學院派人士並無規範權；他們發表的這篇聲明只是一種供作參考的指導原則。此外，他們也只是建議不能用經過基因剪輯的胚胎植入婦女子宮，讓婦女懷孕，他們仍然支持有關領域的基本研究繼續進行。

除了道德議題之外，合成生物科技還可能打開潘朵拉盒子、引發各種國家安全問題。安全問題專家、也是未來學者的馬克．古德曼（Marc Goodman）說，它可能導致以迄未出現過的生物毒素發動攻擊的新型生物恐怖主義。[15]這類生物威脅可以根據某人或某些族群的基因組量身訂做，讓人根本防不勝防。在國際刑警組織（Interpol）與聯合國擔任網路犯罪與恐怖主義問題專家的古德曼說，我們過度低估了生物威脅的潛力。

他說，「今天的生物犯罪與一九八〇年代初期的電腦犯罪很相像。一開始幾乎沒有人對這個問題有所警覺，但稍加注意，就會發現隨著時間逝去，這威脅就會以指數規律飛速增加。」

只要有工具，罪犯與恐怖分子就會利用。無人機與網路犯罪手段因為管用而獲得他們青睞，合成生物科技當然也不能倖免。也因此，我們需要建立新類型防範措施，對抗敵意的合成生物毒素或生命形式。我們也需要達成全球協議，阻止政府本身「工程操控」完美的運動員或軍人。

好處是否超過風險？

你很可能已經猜到，我對剪輯人類基因組造成的影響非常關切。在全面允許人工設計的生命邁出實驗室以前，我們必須非常仔細地檢驗和考慮合成生物帶來攸關人類生死存亡的嚴重風險。這是因為，合成生物實驗一旦出錯，可能引發恐怖的疾病或造成幾乎無法阻止的環境損害。

沒錯，我知道這種科技可以用來治病、救人性命，也知道我們不能浪費時間；不過這事需要一種制衡。為了讓這些科技能在實驗室外安全運作，研究人員必須建立多重機制，以確保人工造成的有機體可以（由於找不到更適當的詞）「隨選殺除」（killed on demand），而且要快。我並不主張我們停止這類研究，但我認為我們應該在了解風險、確定好處超過風險以前暫時將腳步放緩。

基於這項考慮，在本章討論的突破性領域中，最有前景、爭議性也最小的是微生物的前進分析。由於這項領域的內容主要是重建我們腸內古老、健康、自然演變的系統，而不是永久或激烈地改變生命形式，微生物分析科技的發展不僅風險最低，或許還是讓我們常保健康的最佳途徑，能讓我們掃除用盡其他手段都無法根治的生活方式疾病。微生物分析科技能讓每個人同樣獲利，不會造成我們對藥物與醫生的依賴，而且能讓每個人都負擔得起。在訂定基因剪輯安全使用指導原則的過程中，我們必須全力投入這項領域。所幸美國政府也同意這項領域的重要性：美國白宮已經在二〇一六年五月展開國家微生物計畫（National Microbiome Initiative），投入一億兩千一百多萬美元整合不同生態系統的微生物研究。[16]

第四部　科技帶來自主還是依賴

第十二章

你私有的駕駛人：自駕汽車、卡車與飛機

有一本很受歡迎的童書，叫做《如果我造了一輛車》（*If I Built a Car*）。書中那位想像力豐富的小工程師（可能只有十歲）非常投入地設計一輛汽車。這輛車上要有一個游泳池，要能做奶昔，要能飛上天空與潛入水中。[1]當然，車上還要有個機器人駕駛，以備駕駛人打瞌睡之需。

我們看來不會有能夠製作奶昔、不會有大到能夠裝載一座游泳池的汽車，飛天汽車也仍是距離我們還有幾十年的夢想。但機器人駕駛已經到來了。

針對自駕車可不可以上路、我們能不能將生命交給機器的問題，主流媒體已有許多辯論。美國汽車協會（American Automobile Association）在二〇一六年三月進行的一項民調顯示，四名美國駕駛人中有三人「害怕」乘坐自駕車，五名駕駛人中只有一人願意把自己的性命交給自駕車。[2]

當我於二〇一四年在山景第一次見到谷歌自駕車時，我也有同樣疑慮。如果我當時接受民調，我也會是四人中害怕搭乘自駕車的三個人之一。但到了二〇一六年七月，我買了一輛新的特斯拉（Tesla），那輛車上就有這樣一些自駕能力。

一開始，想到讓我的汽車「自己駕駛自己」著實讓人害怕。但公路上幾乎一片空曠，車道標示也很清晰，於是我決定冒個險，啟動車子的自駕功能。但我仍然牢牢掌控著方向盤，因為我不想把自己的性命交在軟體手裏。我的這種恐懼只持續了五分鐘。終於禁不住好奇心驅使，我放開方向盤，看看會發生什麼狀況。車子仍然穩穩走著；它不需要我。二十分鐘以後，我把一隻手放在方向盤上，一面查看電子郵件，一面讓車子自己駕駛。當道路收窄或路面崎嶇不平時，我仍然全面主控，但大體上，就像對「巡航定速」控制一樣，我對這輛車的自駕功能也同樣放心了。

在邁向全面自駕車的進程上，特斯拉的自動駕駛只是踏出的一步而已。但就像適用於摩爾定律的其他科技一樣，自駕系統的功能也以指數規律飛速成長。所有上路的特斯拉都在一起學習；它們的集體里程以百萬里的數字不斷增加。不初三到四年，我的特斯拉可以完全不需要我的幫助，自己駕駛。

這倒不是說意外事件不會發生。一起意外已經發生，而且事情鬧得很大：佛羅里達州一名男子在使用特斯拉自駕功能時，撞上一輛正在轉彎的卡車。[3]他在事件中喪生。但與醉酒駕車造成的、數以千計的死亡車禍相比，至少就統計數字而言，如果使用自駕，就算用的是目前尚未盡善盡美的自駕科技，我們也會安全得多。

不出幾年，我們會用微小、可靠、而不貴的自駕軟體與車輛感應系統取代今天又大、又笨重、而且昂貴的系統，到那一天，今天看起來很難做到的事都可以迎刃而解。

我相信，你會像我一樣，很快就能對這一切習以為常。那會是一種美妙的轉型，我們不會再走回頭路。

自駕車能為我們人生帶來極大改善，能夠完全了解這一點的人，卻是寥寥無幾。自駕車一旦普及，可以大幅減少車禍、降低死亡率，拯救數以百萬計的人命。此外，它可以讓城市街道上的車輛減少三分之一到一半。無論任何一刻，行駛在紐約、舊金山、與倫敦這類都市街道上的車輛，有很大一部分都在找停車位；但自駕車不需要停車位：它們可以不斷穿行，搭載乘客上車、下車。哥倫比亞大學地球研究所（Earth Institute at Columbia University）預測，一旦共乘普及，只需較少的車輛，就能提供如今私有車輛總加起來所能提供的服務，從而將購置車輛的成本減少百分之七十五。[4]在交通尖峰時刻，共乘車輛使用率可以高達百分之九十。而且，不再需要駕駛盤等等人類操控系統之後，車輛可以更輕、更省油。最重要的是，與今天購車和養車的成本相較，車輛共乘的成本將微不足道。為了每天的個人交通而擁有一輛車，會變得似乎不切實際。

自駕車還能帶來毋庸置疑的社會利益。有了自駕車以後，殘障者可以隨時聯絡自用駕駛，不必再為交通問題而發愁。幾年前，根據《紐約時報》二〇一四年十一月的報導，谷歌自駕車團隊找上聖塔克拉拉谷視障者中心（Santa Clara Valley Blind Center）執行主任史蒂夫・馬漢（Steve Mahan），請馬漢試乘較早先的豐田普銳斯（Prius）自駕車，以及最新的谷歌自駕車。[5]馬漢告訴《紐約時報》，「我這次與谷歌的試乘經驗好極了，我希望這事能早日成真。每一位盲人也都希望這事能早日成真。」

其他族群也會透過具體方式獲利。婦女與兒童深夜搭乘計程車，再也不必擔心人身安全問題。一旦所有駕駛人都不必駕駛車輛，交通違規不再成為議題，警察攔車臨檢的理由減少，從而緩解如今甚囂塵上的「黑人駕車」（driving while black，按：警察只因為駕駛人是黑人就攔車檢查的行為）種族歧視爭議。青少年不必再像今天一樣在保險上遭到差別待遇，他們的父母也可以鬆一口氣，不必再為教他們開車而傷盡腦筋。住在鄉村的人終於可以享有與城市居民幾乎一樣的交通服務。行人也不必再擔心會在十字路口被車撞。

且讓我描繪一下自駕車時代的街道景觀。我們不再需要交通燈號：機器人開的車能透過無線同步化，在市街十字路口、在高速公路交流道算準時間進進出出，能在四向停車路口停車、等候通行。一旦駕駛盤後面少了人類的眼睛以後，許多交通號誌都成為可以淘汰的遺跡。一旦所有自駕車都能彼此對話，它們可以不斷行駛，不必完全停下來而憑白浪費動能。

所以說，我們可以把交通燈號，還有停車標誌、讓道標誌、高速公路燈號、以及其他幾十種針對人類駕駛，而設計的運輸基礎設施部件拋在腦後。單以美國而論，去除這許多設施，就能省下數以十億美元計的鉅資。同樣重要的是，開發程度較差，交通燈號、高速公路與其他現代交通管控措施尚不齊備的國家，在進入自駕車時代以後，也可以省去這類型基礎設施的建造。對這些國家而言，自駕車可以帶來天文數字的成本節省。到那一天，全球各地都能公平共享自駕車的好處。

重新設計一種不需要駕駛人的車

人類讓出駕駛座之後，還能讓汽車設計者用完全不一樣的心態打造汽車。無人駕駛的車輛，不需要方向盤柱、剎車踏板、加速器踏板、駕駛人用來減緩或加快車速的任何其他部件。自駕車不需要駕駛區中間那個換檔控制台，也不需要緊急煞車控制桿。人工智慧系統駕駛的汽車，還能將意外事件減到不足為慮的程度。意外事件一旦減少，車門上不再需要沉重的保護鋼梁或防撞緩衝區。自駕車不需要保險桿、安全帶，或笨重的安全氣囊。

將所有這些多餘和累贅去除之後，汽車可以幫我們做到二件事：超級有效與超級快速。在無人駕駛的未來，這二件事都很重要。今天的特斯拉車經一次充電可以行駛大約三百英里，一旦去除這許多以人為中心的部件以後，它可以跑得更加遠得多。

除去這一切多餘部件，還能空出空間做其他用途。想在行車途中工作嗎？你可以架上一個寬屏幕有機LED顯像面板，在一張膝上型桌子上工作。想打個盹？只要後面沒有人，你可以把座椅完全打平，躺好了睡。

你還可以有另一選項，用同樣動力系統與發動機帶動更大室內空間。想想看，如果你能將露營車的規模擴大一倍，將會如何：如果生活在路上不再有什麼不便、不舒適、或空間狹小的侷促感，又何必擁有一棟真正的房屋？

讓我們再想一想速度。既然人類不再駕車，人工智慧可以讓所有的車輛井然有序地運轉，套一句特斯拉（Tesla）員工的台詞，車子可以「快得離奇」。

這對我們的生活方式，對我們有關城市的看法都會產生巨大影響。以目前美國加州北部的灣區（San Francisco Bay Area）現況而論，在舊金山與矽谷其他地區之間有一道分界。許多公司想北遷進入舊金山，因為他們的員工喜歡住在舊金山。從舊金山開車到帕拉奧圖（Palo Alto），由於交通壅塞，往往需要一個半小時。通勤火車也人潮擁擠，而且經常誤點。正因為如此，我留在城裏的友人愈來愈少。人與人相互往還與相處的機會少了，因而產生的理念交流與融合也愈來愈少。

如果一輛特斯拉自駕車，能在公路上以二百英里時速前進，而且能夠不必走走停停，從舊金山到帕拉奧圖大概只需不到十五分鐘（兩地間的距離只有三十幾英里），通勤問題自能迎刃而解。在紐約市工作、但因房價太高無法住在城內的中產階級，可以住在海邊，住在法洛克威（Far Rockaway），只需大約十分鐘就能通勤到市中心區曼哈坦（Manhattan）上班。

當然，經濟利益也將極為龐大。我們困坐在駕駛盤後面的時間少了，可以花更多時間投入有創意的事。城市可以空出大片停車場與車庫空間，以供興建公寓大樓。那就像能夠指路、告訴你左轉右轉的GPS一樣：一旦有了它以後，我們很難想像沒有它的日子要怎麼過。

有一天，我的孫輩會要我告訴他們，在舊城市裏開車會是什麼滋味。我會告訴他們，那是膽戰心驚、危機四伏、而且浪費時間心力的經驗，他們何其幸運，能夠有更好的生活方式。順帶一提，前文談到的谷歌自駕車儘管已經上路、跑了好幾百萬里，還沒有發生過一起致命或嚴重意外事件。谷歌車確實碰上過幾次小意外，但事實證明都是對方駕駛人態度惡劣、危險駕駛惹的禍。

自駕車的道德論點

儘管幾十年來數字不斷降低，車禍仍然是美國境內可避免死亡事件的一大主因。美國國家公路運輸安全署（National Highway Transportation Safety Agency，NHTSA）在調查數以萬計撞車事故之後發現，其中百分之九十二點六的可能成因是人為失誤。[6]根據世界衛生組織（World Health Organization，WHO）的數據，在二〇一三年，全球各地有一百二十五萬人死於車禍。[7]二〇一三年，在擁有全球最佳緊急醫護系統的美國也有三萬二千多人死於車禍。[8]在開發中世界與中收入國家，部分也因為交通基礎設施欠缺，意外事件發生後，無力在關鍵的第一小時將傷患送醫急救，車禍死亡率較大多數西方已開發國家高出一倍。[9]如果美國以外的這些車都是自駕車，我們非常可能避免至少百分之九十五這類車禍，每年可以挽救一百多萬條人命。

簡單說，引導二噸重的金屬在路上跑，並不是人類專長。有人酒駕，有人邊開車邊選廣播電台，有人握著方向盤打瞌睡，有人開得太快，有人想踩煞車卻誤踩加速的油門，種種毛病，不勝枚舉。許多車禍都是疏忽惹禍。換句話說，要一個人小心翼翼避免發生車禍，其實並不簡單。然而，自駕車並沒有這些問題。自駕系統的成本正在迅速下滑，不到十年，就會跌到一百美元以下，所以，我們顯然有必要儘速採用自駕車。

在美國，大卡車每在發生意外時撞毀汽車，仍是致命車禍的主要原因。許多這類事件發生在州際公路，走在這類路面的駕駛人經常蔑視駕車時數規定，一連在駕駛盤後方操持幾天。這類車禍大多造成汽車駕駛人死亡，其中有很大一部分都是卡車司機打瞌睡、或是嚴重缺乏睡眠肇禍。也因此，戴姆勒賓士（Daimler-Benz）在二〇一五年五月將第一輛自駕大卡車送上路面也就理所當然。這輛經過批准、可以在內華達州行駛的大卡車，會在公路上自行駕駛，進入城市街道後再由一直守在車上的人類駕駛人接掌駕駛任務。

自駕車還能為夜晚歸家提供安全選項。婦女（特別是年輕婦女）在夜歸時，除了召計程車或Uber以外，還可以召自駕車。

並不是只有美國因此獲利，也不是只有美國能帶領自駕車風潮

我在這章以美國為討論焦點。但在開發中世界那些人潮擁擠、汙染嚴重的城市，自

駕車可以大幅降低能源消耗、可以為全民提供廉價運輸系統、可以緩解交通阻塞與霧霾，好處遠比美國大得多。

這項新觀念也並非美國專利，中國很可能躍居領先地位。中國的領先科技業者百度（Baidu），已經研發成功自己的自駕軟體。百度首先在北京與中國東南安徽省的蕪湖完成測試，之後於二〇一六年九月獲得加州許可，展開在加州試車。[10] 如果百度搶在谷歌與特斯拉之前推出完善的自駕軟體，中國開始將整個城市轉型為「自駕車專區」，我並不會感到意外。

二〇一六年八月，新加坡迎來世上第一次自駕計程車載客服務，這項服務出現在二點五平方英里的商業與住宅區「緯壹科技城」（one-north）。島國新加坡由於面積狹小、交通壅塞，它的運輸規畫人對自駕車非常熱衷。新加坡交通部常務部長彭建強（Kin Keong Pang）向美聯社（Associated Press，AP）表示，「我們面臨土地與人力瓶頸問題。我們希望運用自駕科技之利克服這些困境，特別是希望藉以引進新行動概念，為新加坡公共運輸帶來轉型性的大改善。」[11]

把車鑰匙交給人工智慧造成的大規模顛覆

把一切會動的東西交給自動駕駛，將毀掉司機這一行的就業機會。根據美國卡車協會（American Trucking Associations）的數據，在二〇一〇年，美國境內大約有三百萬名卡車司機，與卡車運輸活動相關的職業，包括卡車製造與服務等等，也有六百八十萬名員工。[12]所以大體來說，美國勞動人口中，每十五人就有一人在卡車運輸領域工作。

根據美國勞工統計局（Bureau of Labor Statistics）的數據，另有約三十萬人做著計程車駕駛與司機的工作。如果加上新一波兼職駕駛人（以Uber為例，就說單在紐約市就有一萬四千多輛車參與它的業務），這數字很可能會膨脹許多。

在短期內，這類產業的就業成長會相當強勁。但隨著時間不斷流逝，自駕車逐漸普及，機器人會從人類手中奪走五百萬個就業機會，而且目前還看不出有什麼明顯的轉業機會。

此外，雖說用自駕車取代人類駕駛的車輛，幾乎一定可以減少車禍傷亡，我們已經知道，一旦事情出了差錯，人類比較喜歡怪罪機器人，而不喜歡把情況的改善歸功於它們。麻省理工學院的金黛米（Tammie Kim，譯音）與史丹福大學的帕米拉・韓茲（Pamela Hinds），在特別檢驗這個議題之後，寫了一篇名為〈我應該怪誰？自主與透明對人類—機器人互動歸因的影響〉（Who Should I Blame? Effects of Autonomy and Transparency on Attributions in Human-Robot Interaction）：

> 我們的研究結果顯示，在一個機器人有了更多自主權以後，人類會將更多罪責推給機器人，而不怪罪他們自己與他們的同事。我們事先預測，自主會使責任包袱從人轉移到機器人，這項結果與我們的預測相符。但值得注意的是，一旦做得好，讚美的型態又不一樣。也就是說，做不好，人類會怪罪機器人，但做得好，人類卻不會讚美機器人。[13]

自駕車對我們的城市、社會結構與產業造成的衝擊，也值得我們關注。一旦停車場可以投入其他用途，街道成為人行步道，城市規畫也更具彈性。我們可以把城市大部分地區撥做公園與休閒設施之用。在居住位置與距離不再是障礙的情況下，我們可以隨心所欲選擇居住地點，社會互動型態將因此改變。到那一天，我們可以乘自駕車往訪住在附近城市的友人，與友人共進晚餐，可以利用周末赴海邊一遊，而且不必擔心塞車。

隨著土地使用型態改變，逆向都市化出現，房地產業一定會出現天翻地覆的變化。由於二〇二〇年代中期尚未到來，出現的改變類型將無例可循，房地產業無法預測屆時空間利用將如何變化。

由於購車數量大幅減少（就連共乘業者也不例外），汽車業將逐漸式微。還有，汽車代理商的情況又將如何？如果我們可以舒適地坐在自駕車中，用相對較短的時間從一個城市到另一城市，又何必搭火車，或趕往機場、辛苦地排著長隊接受安檢？對我來說，每在從舊金山前往聖塔芭芭拉（Santa Barbara）時，自己開車（要四個半小時）或搭飛機轉計程車（如果飛機不誤點要四個小時）都是差不多的選項。自駕車可以不費吹灰改變這種均勢：只要是不出美國西海岸的旅行，我會放棄搭飛機。想一想，一旦我們都這樣抉擇，對鐵路與航空業將造成怎樣的衝擊。

而這一切都將在二〇二〇年代初期出現。如果伊隆．馬斯克說得沒錯，我那輛特斯拉將在二〇一八年初完全自駕化。[14] Uber 執行長柴維斯．卡拉尼克也已與富豪（Volvo）車廠簽約，要在二〇二一年前讓自駕車上路。[15]

這些科技更能促成我們自主，還是造成我們依賴？

我渴盼自駕車能早日奔馳在我們的道路上。與本書討論的其他科技相較，自駕車為促進我們個人自主帶來的加分效果，至少絕不稍有遜色。且讓我們坦誠以對：我們或許認為我們擁有我們的車，但實際上，我們的車也擁有我們。買車是我們一生壓力最沉重的幾項過程之一。修車（或尋找我們可以信得過的師傅）同樣令我們煩惱，而且是一個遠比買車更普遍的問題。處理汽車保險、洗車、保養我們的車、還有最後（或賣或捐）丟棄我們的舊車，都占用我們許多時間。此外，遇上塞車，或在市區繞圈子找停車位，也讓我們損失人生許多寶貴時光。

除此而外，我認為自駕車還能為我們開啟全新視野。當父母可以叫一輛谷歌車，把孩子放進後座、送往足球場練球時，更加自主。當老得不能開車的銀髮族，可以叫一輛自駕車前往超市、或前往一所美術館時，益發自主。當每個人都負擔得起自駕車時，每個人都更能自主，也更加平等了。

沒錯，我們會依賴自駕車，但我們不是一直都在依賴些什麼嗎？更何況自駕車比我們過去依賴的做法更可靠。無論提供運輸服務的是父母、是鄰居、或是一輛谷歌車，孩子總得上足球場練球。

而且你一定可以看得出來，談到自駕車，我或許有些樂觀過度。事實是，事情不會那麼簡單。佛羅里達州那名駕駛人，因為讓他的特斯拉自駕而在車禍中喪生的事件，讓特斯拉的公關形象遭到重挫。他過度信賴特斯拉自駕系統，特斯拉也背負了一切罵名。有人因此要求禁止自駕科技。而且由於軟體不完善與人為失誤，致命車禍悲劇一定還會發生。雖說與自駕科技可以拯救的人命數字相形之下，這類悲劇數字微不足道，但沒有人在意，我們反正都會怪罪機器。

我們還會見到一些莽撞的駕駛人，可能為了搶先而闖紅燈，因為他們知道自駕車一定會停下來讓他們先走。人與機器的戰爭，會在街頭上演。

就像當年「無馬馬車」（horseless carriage，第一批汽車的名稱）與馬匹在路上爭道一樣，自駕車的轉型過程也會造成累累傷痕。當然自駕車最後會贏，但我們會去除原本一套問題與風險，迎來另一套問題與風險；會去除原本一類型依賴，迎來另一類型依賴。而且駕駛人失去自主也是必然的結果，因為我們總有一天，得把人從駕駛座上拉下來，因為人類過於喜怒無常，由人類來開車實在太危險。總有一天，人類會成為坐在自駕車中，不用動手駕車的駕駛人。

第十三章

當你的磅秤與你的冰箱交談時：物聯網

你的電冰箱會跟你的牙刷、你的運動鞋、你的汽車、你擺在浴室的磅秤對話。它們都有一條專線直通你的智慧型手機，把你是不是吃得對、是不是運動與刷牙，或者是否開車太快的訊息，一五一十告訴你的數位醫生。我不知道它們會怎麼看我們，會談些什麼有關我們的八卦，但我知道愈來愈多的電子裝置，很快就會在彼此之間、就會與製作它們或支援它們的公司共享我們的資訊。

我們的家用電器與電子裝置、我們的車、我們的住宅、我們的辦公室、與我們的公共場所，會裝上各式各樣、愈來愈多的感應器。這些感應器會透過Wi-Fi、藍芽（Bluetooth）或行動電話科技彼此相連。我們為這一切取了一個動聽的名字，叫做「物聯網」。

這些感應器與同埠相連的小電腦，使用愈來愈小、愈來愈便宜的無線晶片，可以透過網際網路將蒐集到的數據上傳給科技公司管理的中央儲存設施。如果你的前門開了，如果你這星期吃的蔬菜不夠，或如果你在刷牙時往左邊刷得太用力，這些感應器與小電腦的軟體就會向你提出警告。

從你的手表上的心律監測器、到縫在你的孩子的睡衣裏的呼吸監測器，物聯網將無所不在。它能幫我們從我們的行為中學習，幫我們管理我們的環境，過更豐盛的生活。

但這種機器警覺有很黑暗的一面。物聯網同時也帶來前所未有的監控可能性：保險公司可以在你的車裏裝一個加速計，監測你的駕駛行為，保險業巨廠、義大利的忠利集團（Generali），已經透過一項所謂「開車才付費」（Pay as I Drive）[1]的方案這麼做了；小小的三星監測器（Samsung Paddle）可以放在你的枕頭下，記錄你的睡眠周期與重要生命徵象；你的電視機上的攝影機若遭駭，你的行動也會遭人監視。

隨著物聯網不斷成長，病態的、非法侵犯隱私的可能性，也隨著增加。

物聯網的神奇妙用

熱門產品Nest家用恆溫器，可能為你帶來驚喜。你心想，還有什麼產品能比恆溫器更無趣、更乏味？是不是？但造型美觀的Nest在牆壁上發著螢光，讓你一目瞭然，簡單易用。

美國人就算不在家，家裏仍然開著暖氣、冷氣，浪費巨額金錢。有些人在進出家門時，也記得將空調系統開開關關，但知道冷暖器使用應隨季節變化而調整、知道周末假日使用情況與平常不一樣的人，卻寥寥無幾。就這樣，美國人每年在能源開支上浪費的錢以十億美元計。這是一個巨型市場，若不能造一個真正聰明而且連線的裝置，想解決這種浪費能源的問題很難。

Nest為智慧裝置設立一個新標準。它利用動態感應器監測使用者日常動態。在安裝之後的最初幾星期，Nest會研究你的行為，了解你最喜歡的室溫。它還會研究你的進出、作習。在這段期間就能開始自行操作了。

在某一點上，Nest可以幾乎百分之百自主，不需任何提示也能將室溫調節到最理想的程度。它能讓能源開支節省約百分之十，而且使你的家更舒適。

有些城市會推動一些專案，要求使用者在用電尖峰時段減少用電，以減輕電廠壓力。Nest會與這些專案連線，讓住在這些城市的Nest使用者參與這些專案，節省百分之五以上的電費。這是智慧電廠的一個初期但有效的例子。智慧電廠是物聯網的一塊，以能源與我們那些老舊過時、欠缺效率的巨型發電、供電系統為核心目標。

你可以在你的手機上裝置Nest程式，遙控家裏的環境。舉例來說，如果你想在回到家之前的十五分鐘將家裏溫度調低，你可以發個訊給Nest。假設你住在鳳凰城（Phoenix），你要較預定計畫提前回家，而當時適逢盛暑，這一招很管用。

身為谷歌體系內一個自主單位的Nest，在設計恆溫器之後，相繼又推出煙霧監測器與監控盜賊或寵物（或許還包括孩子或青少年？）行為的攝影機。它可能還會推出許多新產品，而且都可以透過Nest程式進行遙控。

科技公司說，它們將以同樣方式運用物聯網：幫我們節約能源、改善我們的健康、讓我們更安全、促使我們採用更好的生活方式，還說物聯網當然還能幫我們省錢。

蒐集這類數據的能力對經濟有巨大影響。麥肯錫全球研究所（McKinsey Global Institute，MGI）在一篇題為〈物聯網：實話實說的價值評估〉（*The Internet of Things: Mapping the Value beyond the Hype*）的報告中說，到二〇二五年，物聯網對經濟造成的衝擊可能高達每年三兆九千億到十一兆一千億美元，占全球經濟的百分之十一。[2]

由於物聯網講究的是機器對其他機器交談，使不同的人工智慧系統一起運作，從而作出較好的決定，我們很難了解它的價值。它能在工廠廠房監控機器，能在海上監控船隻進度，能在城市監控交通型態，它的影響所及將遠遠超過我們的家庭，透過生產力進步、時間節省、與資產實用的改善創造價值。時速二百英里的谷歌車將由物聯網下屬的一個運輸次網路（子集）控制，這個次網路由裝在道路與安在車上、可以用同一語言對話的感應器組成。

根據麥肯錫的這篇報告，物聯網的價值還包括能減少疾病、意外事故，還有死亡，對經濟造成衝擊。儘管今天已經建立的物聯網系統寥寥可數，難以評估，但帶來的經濟利益已經非常實際。麥肯錫相信，物聯網將監控、協助管理世上極大部分的活動，範圍遍及自然界、人類與動物。

物聯網不僅能改變我們與裝置的互動、提升它們的效率，還能開創全新方式讓我們了解全球經濟引擎。將電子產品轉變成軟體控制的機器，不僅可以使機器持續改善，還能不斷提升使用這些機器的商業模式。我們已經在智慧型手機上見證這種改善，我們的其他裝置日後也會普遍跟進。

包括汽車、街燈、噴射引擎、醫療掃描機、與家用電器，一切都將連線。在新機種推出以後，我們不需扔掉舊用品，只需下載新功能就行了。特斯拉就用這種方式提升特斯拉車的自駕功能：不斷學習，然後每隔幾星期進行一次軟體更新。透過物聯網軟體，每一樣裝置都能自我驅動，自我升級，都能在適當時刻自行關閉與開啟，而且知道它會在什麼時候用壞。

物聯網的可怕

二〇一五年聖誕節假期一開始，瀰漫著一股不祥之兆。在黑色星期五那天，我們聽說中國玩具製造商傳易達（VTech）的伺服器遭駭，近五百萬名父母與六百多萬名兒童的個資遭竊。[3] 這些個資包括住家地址、姓名、出生日期、電子郵件地址、與密碼。[4] 更糟的是，它還包括父母與孩子們的照片與對話紀錄。[5]

就在那個月的前幾天，藍箱保全公司（Bluebox Security）發現，美泰兒（Mattel，按：美國玩具大廠）的「哈囉芭比娃娃」（Hello Barbie，與網際網路連線的芭比娃娃）有嚴重的安全顧慮。[6] 這項發現帶來很顯然的問題：與網際網路連線的玩具愈來愈多，其中有安全隱私顧慮的有多少？因而陷於危險狀態的孩子又有幾百萬？甚至幾億？與網際網路連線的玩具極有可能大部分都有安全隱私方面的問題。

是的，這是早期駭客對玩具發動的攻擊，所以駭客在這類事件上已經拔得頭籌。不過更大的問題是，物聯網沒有任何真正的規範措施。沒有當局可以用巨額罰款懲處安全把關出了差錯的公司。出了問題的公司只需道歉就能過關；它們就算知道產品可能造成隱私風險，也沒有回收產品的義務。

如果你沒有孩子，不妨想一想：你若在家裏裝了幾個Nest的產品，會把多少有關你生活的資訊交給Nest？這家公司將對你瞭若指掌，包括其他人無從得知的許多最隱私的事，都逃不過Nest的耳目。Nest的攝影機每周七天、一天二十四小時監視著你。想想看，如果這些攝影機遭駭，會發生什麼狀況。

我們的隱私與機密遭到侵犯的可能性愈來愈大，這讓我真的很害怕。問題不只是玩具與裝在我們屋裏的恆溫器那麼簡單：攝影機已經在城市街道上、在辦公大樓與購物中心，記錄我們的一舉一動。我們的車子知道我們去過的每一個地方，我們那些新近彼此互通音信的裝置，會追蹤我們做的一切事。隱私將成為過去，就連在我們自己家中也不例外。我們的智慧型手機已經為我們帶來這類風險；無需多久，我們無論走到哪裏，都將無從遁形。

永不停歇的廣告行銷也是一個問題。物聯網的許多新產品、以及我們的裝置上的功能都將便宜而且有用，能告訴我們什麼時候該訂購牛奶，什麼時候該吃藥，在我們貪嘴想多吃一塊起士蛋糕時，提醒我們記得在CVS（按：美國最大藥品零售商）拿藥。亞馬遜迅速成長的Dash專案，讓汰漬（Tide）洗衣劑使用者只需在廉價的汰漬物聯網裝置上按一個鈕，就能訂購新貨，這個裝置與亞馬遜雲端連線，而訂單當然也透過Amazon.com下單。

如果我們的電冰箱製造廠商向我們推薦冰淇淋新口味，我們的洗衣機製造廠商向我們推薦新成衣品牌，我們的磅秤製造廠商向我們推薦新飲食方案，因為原始人飲食法顯然不管用，我們會開心嗎？這些廠商都將擁有這樣做的必要數據，就像你的智慧型電視機製造廠商，知道你愛看哪些節目一樣。

此外，我們也無法保證科技公司不會把我們的數據拿給廣告業者，幫廣告業者不斷追著我們，促使我們購物。事實上，一般而言，科技公司正是靠出賣我們的數據賺錢（不過，是的，他們會說先將數據做匿名處理）。那是一種「浮士德」（Faust，按：歐洲中世紀傳說中的人物，為追求知識與權力，與魔鬼進行交易）式的交易，但也是我們一般都會做的交易。誠如他們所說，如果一項服務在網際網路上免費供應，那麼顧客或許就是他們賣的產品。

我可不希望有一天，我浴室裏的磅秤會告訴我的電冰箱，要它不再訂購起士蛋糕。哪怕解密技術再高明，我也不會准許防盜攝影機捕捉我屋內的影像，上傳到網際網路。但一旦智慧電視機與電冰箱都裝上攝影機以後（我們的筆記型電腦已經裝了），想保有隱私會非常困難。

這些科技更能促成我們自主，還是造成我們依賴？

毫無疑問，產業物聯網以後，我們會依賴物聯網，而物聯網也將為我們帶來龐大利益。我們的車告訴我們它們什麼時候會壞，街燈告訴市政府哪些燈泡需要更新：這些都是好事。奇異（General Electric，GE）可以遙控監測它的噴射引擎與火車機車，以提醒作業人員何時需要保養送修；可以將相關數據輸入企畫軟體，能為業者節省巨額時間與金錢。

我不介意用Nest恆溫器調解我家裏的溫度。但我真會需要我的電冰箱每天盯著我吃了些什麼，還把消息報給我的手機嗎？這可不行；這麼做只會讓我凡事依賴，不能帶給我多少好處，而且還會損及我的隱私。

好處會大於風險

在二〇一五年駭客事件發生過後，傳易達承認它未能善盡保護顧客隱私之責，並因此公開道歉。[7]但這家公司並沒有真正擔心安全防護問題的必要，因為法律對於不能保護客戶數據的公司並無真正具體罰則。甚至在加州，儘管法律規定公司在遇駭後應該迅速宣布，警告客戶他們的個資已經遭竊，但公司遇駭事件仍然持續不斷。根據顧問業者普華永道（PwC）的一項大規模調查，從二〇一三到二〇一四年間，全球各地網路攻擊事件增加了百分之四十八，以二〇一四年為例，網路攻擊事件平均對企業造成二百七十萬美元的損失。[8]

甚至企業有時也會因此主動回收產品，但這類成本未必大到足以讓它們痛定思痛。受害的顧客幾乎不會因個資被盜而獲得補償，許多年來情況一直就是如此。傳易達年營收達到二十億美元，還說網際網路連線的兒童產品是它成長最快的領域。想解決這個問題，或許大幅提高對把關不嚴業者的罰款，是比較好的辦法。這件事可以藉助保險公司完成，但也應該納入對受損顧客的強制性補償條款。或許可以建立一種分攤制，由所有連線裝置製造業者出資成立賠償基金。當然，保險公司會喜歡這種構想。它會讓企業會痛恨不已，但它或許能迫使企業做應該做的事。

政府規範的增加幾乎不會有正面效果，而且往往只會損及創新。但擴大美國聯邦通信委員會（Federal Communications Commission，FCC）的裝備授權計畫，或許是明智之舉。[9]根據這項計畫，美國境內使用的無線電頻率裝置，必須能在不引起有害干預的情況下有效運作，必須符合某些技術規定。今後，FCC可以將數據加密與其他安全防範措施納入這類規定。有鑒於美國境內物聯網裝置大部分是中國製造的產品，這麼做特別重要。它們的安全漏洞能讓美國人無論在家裏、或在辦公室裏，都遭到空前規模的跟監與竊探。

除了我在安全與隱私這一章裏提出的建議以外，我還有另一層次更高、非常激進的想法。

如果我們規定，商界必須研發讓顧客自我控制數據的系統（讓顧客知道他們使用的裝置蒐集了什麼數據、在這些數據遭竊時向顧客示警），情況將如何？許多年來，這一直就是隱私權維權人士的大夢，一直就是「電子前線基金會」（Electronic Frontier Foundation，EFF）這類電子公民社會保護組織的理想。但今天我們幾乎已經有了建立這類系統的能力，建立這類系統不再是夢想。

我在史丹福法學院的同事與其他許多學者專家，一直在進行這方面的研究。CodeX史丹福法律資訊中心（Stanford Center for Legal Informatics，簡稱CodeX）負責人羅蘭・佛格（Roland Vogl）構想了一個系統，能讓使用者管理、分析他們所有的結構性數據，包括物聯網裝置造出的數據。終端使用者可以將他們的裝置與一個「個人儀表板」連線，並透過這個儀表板監控他們的數據。他們可以選擇願意共享的數據、以及與哪一家公司共享。佛格說，這類科技有些已經實際運用，「開放感應器」（OpenSensors）與「Wolfram連線裝置計畫」（Wolfram Connected Devices Project）就是例證。

這類解決辦法不難。我們只需要動機、規範與協調。關於保障隱私與網路安全，如果現在我們放任物聯網世界繼續無法無天，未來只會噩夢連連。與其等到壞人擁有我們的數據後再忙著鎖門，不如現在就訂定標準，為我們的子孫、為我們自己建一個較安全的網路世界。

這同樣也需要你共襄盛舉：我們需要社會大眾共同發聲，要求建立這類保護措施。但首先我們必須了解關鍵議題。你也可以像我一樣，做同樣選擇：除非我相信網路安全能夠保障個人隱私，我不會買物聯網連線家用裝置。

第十四章

人體的未來靠的是電

在電視影集《星際爭霸戰》中，那位盲眼少校「鷹眼」（Geordi La Forge），戴了一個未來科技裝置，叫做VISOR（Visual Instrument and Sensory Organ Replacement，視覺儀與感應有機體代用品）。戴上VISOR以後，鷹眼的視力比正常人更好。

今天在真實世界中，一家叫做「第二眼」（Second Sight）的公司，已經開始出售一種美國食物與藥品管理局批准的人工視網膜Argus II。Argus II能為因視網膜色素病變而失明的人，提供非常有限但能起作用的視力，這種視網膜疾病目前在全球各地有大約一百五十萬名患者。Argus II能透過裝在眼鏡上的一具攝影機與處理器捕捉即時影像，裝在眼鏡鏡框裏的一個無線晶片將影像傳給植入的人工眼，由人工眼用六十個電極刺激殘餘但仍健康的視網膜細胞，再由這些細胞將視訊送給視神經。Argus II能讓人分辨出光與動作，但也僅此而已；例如使用者仍然無法辨認臉孔或顏色。而且它非常昂貴，要價約在十萬美元左右。

根據摩爾定律曲線（Moore's law curve），從Argus II到鷹眼少校的全功能VISOR系統，大概還要十二年。但想到已經有數以百計病患，憑藉裝在眼睛與攝影機之間的一個直接介面，而在這世上生活，仍然令人震驚。這件事讓我產生一個疑問：隨著Argus這類系統愈來愈廉價、效能愈來愈好，我們何不主動出擊、用更強的人工眼取代我們的眼睛？

一切數位化會為我們的世界帶來深遠的正面效應，Argus的案例就是明證。視覺很脆弱；將光線奇蹟也似轉換為神經脈動的生物機制，很容易因老邁或受傷而破損。舉例說，美國目前就有二百萬名老年性黃斑部病變（age-related macular degeneration，AMD，內眼出現薄薄一層對光敏感的組織）病患。

針對各式各樣影響人體腿部、眼睛、聽力、味覺的病症，形形色色的醫療裝置也不斷出現，以達到延長、取代或改善的效果。更令我們震撼的是，我們可以用更低的成本、更快的速度，特別針對我們的身體、我們的血液化學、我們的環境、與我們的基因，建立真正個人化、高度客製化的醫療系統。

列印人體器官、義肢，拯救人命

賈雷・彼得森（Garrett Peterson）在出生當天，父母已經發現他時不時就會停止呼吸，臉色發青。賈雷的氣管非常弱，稍有不慎立即塌陷（崩壞），讓他無法呼吸。這是一種罕見、可以致人死命的病。包括換尿片或啼哭，都可能造成他幾乎窒息。[1]

賈雷長到十六個月時，因肺部受損處於垂死邊緣。他的父母向史考特·郝利斯特（Scott Hollister）求助。郝利斯特是密西根大學（University of Michigan）生物醫學工程師，已經設計過許多塑膠植入體。郝利斯特設計了一個正好可以植入賈雷喉嚨的塑膠夾板，讓賈雷的氣管保持張開。他用3D列印機列印這個植入體。這次手術很成功，植入的夾板讓賈雷的氣管張開保持暢通，救了賈雷的命。隨著呼吸轉順，賈雷很快恢復體力。郝利斯特設計的這個夾板，可以隨賈雷逐漸成長而擴大，最後在賈雷的氣管強到足以自我支撐時解體。賈雷的父親傑克·彼得森（Jake Peterson）在二〇一四年三月告訴美國國家公共電台（National Public Radio，NPR），「他開始更能互動，更有精神，對玩具也更有興趣，開始更像一個正常孩子了。」[2]彼得森家人與郝利斯特自己動手（沒有經年累月地等，等候醫療裝置公司建造植入裝置，等候當局批准裝置上市），他們用一個星期時間，花了不到一萬一千美元完成3D列印。3D列印與其他一些速度快、成本低的科技，正在為過去一些成本高昂的工作改頭換面，讓它們完成得更容易、更迅速，賈雷·彼得森這個感人的故事不過是許多這類事例中的一個罷了。中國或美國可能即將出現一家公司，專門以3D列印科技製造人工植入體，而且只收費數百美元。植入體隔天即能送達。或許你也可以用你自己的3D列印機自行列印，這一切已經不是夢。

這種以3D列印科技搭配彌補或提升醫療術運用的事例正在許多領域出現。舉例說，Ekso生物科技公司（Ekso Bionics）設計、製造機器外骨骼，幫助癱瘓者重新走路。許多Ekso用戶現在運用3D列印的介面，以便更容易、更舒適地使用這種電腦操縱的機器義肢。

這些新義肢不僅讓Ekso的一些使用者離開輪椅，還讓他們走入使用較老式科技無法觸及的境界。一九九二年二月二十七日，亞曼達·巴克斯特（Amanda Boxtel）在科羅拉多州滑雪時出了意外。[3]身為滑雪專家的她，在中難度斜坡上衝刺時，不慎重心過偏，翻了筋斗仰天摔落冰凍地面，斷了四節脊椎骨，雙腿也因此癱瘓。她在二〇一二年裝上Ekso生物科技早期出廠的原型機器外骨骼。二十年來頭一遭，她終於可以站起身，腳跟先著地，再用腳趾、一步步緩緩踱過房間，這讓她熱淚盈眶。她於是知道，她這輩子還能在愛去的海灘上散步，還能在山裏遠足，甚至或許（只是或許而已）還能滑雪。協調她雙腿動作的電腦愈來愈聰明，愈來愈好；機器外骨骼比過去更強、更輕、也沒那麼令人不適：軟體與硬體一起加速進步，就像滑雪人愈滑愈快，準備輕鬆快意沿坡直下一樣。

六千美元的男男女女：從人到超人的必然進展

一九七〇年代電視影集《無敵金剛》（*The Six-Million Dollar Man*）是我很喜歡的影集。影集主角史帝夫・奧斯汀（Steve Austin）原是太空人，在一次重大意外事件中受到重傷。美國政府做了一項復健實驗，為他裝上可以用六十英里時速奔跑的雙腿，視力比人類視力強大二十倍的電眼，還有一條力氣媲美起重機的手臂。這整個以仿生科技復健人體過程，花了美國政府六百萬美元。經過通貨膨脹換算，這筆錢在今天約值三億五千萬美元。不過，如果再隔十五年，我們只需六千美元就能完成這樣的復健又將如何？我相信再隔十五年，真的只需六千美元（一九七〇年代的美元）就能搞定。

這類人體部件不必以塑膠為材質；3D列印已經可以用生物材質進行列印。這種稱為「生物列印」（bioprinting）的程序以所謂「生物墨」（bio-ink）為材質。生物墨是一種可以當作支架使用的多細胞構建材質。

細胞組織設計人首先完成配合靶標組織的支架設計，使用惰性凝膠支撐脆弱的細胞結構，或製造間隙、通道、或孔縫，以複製自然組織的物理特性，訂定生物過程計畫，用適當細胞造出一種生物墨，讓人體根據這種生物墨製造靶標組織。在設計與測試生物墨混合體以後，設計人可以加載生物列印機，一層一層地建造細胞組織結構。

二〇一四年四月，威克森林大學（Wake Forest University）科學家、再生醫學專家安東尼·亞塔拉（Anthony Atala）發表一篇報告，說明幾件少女陰道重生的成功案例。[4] 參加這些實驗的都是在出生時就沒有陰道或陰道畸形的女孩。根據實驗結果，用3D列印與生物墨製造的陰道，在植入以後運作得很好。

亞塔拉還在臨床實驗中生物列印了膀胱，並正設法創造更複雜、有繁複血管結構的器官，如腎臟與肝臟等。人體組織或器官必須依靠血管進行代謝、處理養分與毒素，如何列印這些血管目前仍是棘手難題；或許得幾十年以後才能成真。不過，不出十年，你可能需要替換的任何相對簡單的結構（包括心臟瓣膜、骨頭、耳朵、或鼻子），或許都能用生物墨，配合你自己的幹細胞進行再生，將排斥風險降到最低。目前已有近一打的公司投入真正人體材質的生物列印研發；幾家工業設計巨廠，例如卡爾·巴斯（Carl Bass）領導的Autodesk，正研究如何運用積層列印（additive printing）製造生物物質。

當然，我們需要醫生與外科手術人員做這些事；這畢竟與列印一個汽車零組件不一樣。不過這些都將是我們醫護人員常用的科技。

一旦取得再生組織與列印器官的能力，我們也有了創造混合材料、將生物與化學合為一體的能力。奈米材料（Nanomaterial）是這個領域特別引起關注的議題；研究人員正研究用經過奈米結構的磷酸鈣生物材質再生骨骼，就是一個例子。以磷酸鈣為支架，模擬骨骼中無機成分的晶體屬性。早期研究結果顯示，這些奈米結構的材質在與幹細胞合併以後能加速骨骼再生。

除了比人還要好的材質以外，同時出現的還有微型電子感應系統，能將我們的身體變成每分鐘不斷監測的體系。Endotronix研發的肺動脈無線感應測壓裝置，於二〇一三年八月獲得美國專利與商標局（Patent and Trademark Office）專利。這個微型生物感應器可以經由例行、最不具侵入性、低成本的導管插入術植入肺動脈。這個感應器不需要電池，也不必為了放置接頭而在病患血管上扎針。病患可以手握智慧型手機擺在胸前，錄下量度，把結果傳給醫生。到目前為止，持續測量肺動脈血壓（充血性心力衰竭的重要指標），一直是一件非常不易辦到的難題。

電影《聯合縮小軍》（*Fantastic Voyage*）以及艾賽克．阿西莫夫（Isaac Asimov）一九六六年那本同名小說原著，描述我們有一天能用無線感應器在人體內遊走，送回數據。Endotronix系統是讓這些美夢成真的第一步，在未來研究人員眼中它們會顯得很原始。研究人員現在已經著手建立微感應系統，讓我們可以用手機測量許多關鍵性生物功能。事實上，有一天，我們會在身上裝置早期預警系統，隨時隨地不斷評估我們的身體狀況，一面防範嚴重健康問題於未然，一面提示我們行為做法，幫我們對症下藥。醫生在為我們看診時，用了許多醫界信以為真、但未經證實的假定。有了微型電子感應系統以後，我們終於能夠深入了解，一探這些理論的可信性。系統性炎症對整體健康的影響就是這樣一個例子。

一旦我們把人體連線，生物駭客將成為電腦駭客的一支；原本用來幫我們活命的感應器，可能成為對手用來殺害我們的工具。研究安全問題的學者專家已經證明，駭進心律器的電路是可能的。隨著我們身體與植入身上的電子裝置的關係愈來愈難解難分，網路攻擊（包括對我們身體，與身上感應器製造的數據的攻擊）也會是一個愈來愈嚴重的問題。

有人會問，既然在許多情況下，可以選用更好、更持久、更耐用的數位代用品，我們何必用我們自己的細胞取代舊器官？如果能造一個不怕日曬、或許還有更多神經細胞、可以加強嗅覺、提升我們味覺的人工鼻，何必再生一個同樣的舊鼻子？既然能造出塗了石墨烯、裝了無線感應器，能夠配合消炎藥微膠囊追蹤治療療程的強大骨骼，又何必用複製品取代斷骨？既然可以造一個高解析度攝影機，為我們帶來完美視線，何必造一個新角膜取代舊角膜？既然可以當超人，又何必只當個凡人？我們不久就會面對一些非常有趣的選擇。

為亞曼達・巴克斯特製造外骨骼的Ekso生物科技繼續在改善它的產品，不同領域的幾十家公司也在絞盡腦汁，設法解決一些問題。這些問題如果能夠解決，可以讓Ekso大幅調降產品價格、讓產品更輕巧。亞曼達現在在使用Ekso的系統時，得背一個裝了線路與矽的大背包，新的機器人組件可以大幅縮短製造Ekso這類系統的時間，還能把那個大背包縮小到只有iPhone一般大。

有關數位提升的構想甚至已經延伸進入腦的領域。近年來發表的許多文章對死記式學習的價值提出質疑。這些文章問到，既然可以透過谷歌輕鬆找出答案，我們何必費神耗力去記憶它們。超人類主義（transhumanism）的一些最忠實的信徒，也經常將谷歌與搜尋科技喻為人腦的延伸，認為這類科技可以大幅提升我們儲存、解析、以及必要時提取資訊的能力。

到目前為止，什麼是人、什麼是科技兩者之間，一直還有一條相對清楚的界線。甚至是人工電子耳與心律器這類精密科技，也總是想辦法透過既有工具運作，未必採用更強有力的途徑取而代之。到二〇二〇年代末期，我們不僅將跨越那條線，還會飛速穿越。

如果我們完全依賴這類電子支撐物，它們會不會讓我們透過進化、好不容易才掙來的本領不斷退化，直到有一天，當它們把我們身上的插頭拔掉時，讓我們無力招架？

另一方面，我們若是學會創造生物與生物物理數位代用品、永久治癒或舒緩大多數惡疾，是否能因此取得數位鑰匙，開啟一種類似通往「青春不老之泉」的路？

這些科技更能促成我們自主，還是造成我們依賴？

對半身不遂、或對不靠新科技無法活命、或將淪為盲人的人而言，這種新「人體電子」科技代表自主性的大飛躍，而且也看不出它們會造成什麼依賴性增加。就這些案例來說，人體電子科技可以用更好的東西取代已經破損、失效的人體部件，最後或許還能用比原本更好的東西取而代之。

主要不為必要、而為求美觀或只為了自己喜愛而運用人體電子科技的事例正不斷增加，把我們逐漸帶進一個比較混沌的領域。特別是如果用人工部件取代人體部件（例如用數位眼取代模擬眼）情況尤其令人顧慮。就大多數情況而言，這會是一條不歸之路：走上這條路可能就若干方式來說能增加自主，但就大體而言，會使我們極度仰仗我們的裝置。那樣的依賴值得我們深思，因為將我們的感官與肢體、肌肉、甚至我們的腦轉換為數位強化體，儘管非常誘人，卻也能為我們帶來新風險（本書前文已經討論了其中若干風險）。數位裝置有位元與位元組，有軟體，還有許多許多故障。我們要記住，突然的故障可能造成慘禍。

毫無疑問，一些運動員會做這種事，今天的興奮劑醜聞，會成為日後的生物造假醜聞。有人渴望能像史帝夫・奧斯汀一樣提升體能，讓他們可以攀山越嶺、更貼近地觀察大自然。到二〇二〇與三〇年代，這樣的事是好是壞，將成為我們辯論的主題。

而且，當然，這些都是問世未久的科技，還沒有長期研究能告訴我們許多年以後會發生什麼事。我們冒的風險很大。愈來愈依賴電子支撐物會讓我們生而具有的進化能力不斷退化，直到有一天再也無法拾回這些能力為止。

所以說，我們有一天將面對取捨，既能用科技自我提升，又可能因依賴科技而讓我們逐漸失去人的本質。但這與我們今天所做的醫療選擇相比，真有什麼不同嗎？我們戴上眼鏡，讓自己這輩子都靠醫藥手段增強視力。我在二〇〇二年心臟病發時，我選擇動手術，在動脈裏植入藥物支架（drug-eluting stents）。這種支架能緩緩釋出阻止細胞增生的藥物。我的心臟專科醫生警告我說，這是新科技，還沒有有關功效的長期研究。他說，他認為藥物支架比傳統心血管支架（baremetal stents）好得多，但我可能這輩子都必須服用抗凝劑，以防支架因血液凝固而突然關閉。我選擇冒這個險，接受這輩子都得服用心臟病藥劑的事實。我能健康活著，享受多少還算正常的人生，這是我的取捨。

想活得更健康，想更長壽，我們都得面對這類選擇。

第十五章

幾乎免費的能源與食物

一九七三年十月，石油輸出國組織（Organization of the Petroleum Exporting Countries，OPEC）宣布禁運，導致油價從每桶三美元漲到十二美元。從此以後，能源短缺與因而造成的高油價，就一直是全世界揮之不去的夢魘。我們開始相信，這世界很快就會將石油用罄，從而沒了能源。各國政府爭相角逐以鞏固油源。為了節省能源，美國也採取強制手段，提升汽車燃料效率。

世上可燃燒化石燃料的儲量當然有限。但我們也同樣開始珍惜水源；甚至是專家也相信這世上大部分地區有一天會無水可用，會為了爭奪有限的水資源而爆發戰爭。二〇一五年雖因「聖嬰現象」（El Niño）帶來豐沛雨水，加州乾旱仍造成相當恐慌，許多人認為農業發展將永久受限，水果、蔬菜、與食物供應將長期短缺。

取用潔淨的水是開發中世界一個極其嚴重的問題。根據世界衛生組織的數據，每年有一百八十萬人死於腹瀉疾病。[1]這些受害人有百分之九十為不滿五歲的兒童，而且大部分是開發中國家人民。這些病例有百分之八十八是供水不安全與不潔惹的禍。

問題不在於水源欠缺本身，而在於潔淨水源的取用。從河流與井裏取得的水布滿能夠致人死命的細菌、病毒與大型寄生蟲。只需將水煮沸就能殺死所有這些東西，但將水煮沸需要能源，而這些能源貴得讓人難以負擔，於是導致許多人受苦受難，甚至死亡。

但我們的能源消耗平均值只有十八太瓦（terawatts，即兆瓦特），與可供使用的十七萬四千太瓦相形之下根本微不足道。[2]而且風力、地熱、與潮汐也是遍布各地、可供我們取用的能源。地球事實上到處都是能源。水的情況也一樣；表面有百分之七十一為水覆蓋的地球是個水世界。外星人若是看了我們的新聞報導，一定認為地球人若不是瘋子，就是傻子。

直到目前為止，能源與水源供應問題，都在於我們能不能以符合經濟效益的手段，駕馭無所不在的太陽能。如果能夠捕捉到足夠的太陽能，我們永遠不必擔心能源、水源、或食物是否缺乏。我們可以從海洋裏取水煮沸，需要多少煮多少，可以將地上的水淨化，透過農作無限制地供應食物。

這一切都愈來愈可行了。

以水淨化問題為例。智利發明家奧夫雷多・佐里吉（Alfredo Zolezzi）的公司智利尖端創新中心（Advanced Innovation Center Chile，縮寫為AIC Chile）研發了一種以電漿為基礎的水淨化科技，我的兒子塔倫（Tarun）一直在與佐里吉合作，設法將這門叫做ＰＷＳＳ（plasma-based water purification technology）的科技商業化。ＰＷＳＳ可以為開發中世界的家家戶戶帶來幾乎取之不盡的飲用水。這些科技的妙處就在於它的簡單。它對不斷流動的水流施壓、通電，將水流轉換成電漿狀態，只需幾秒鐘時間就能將水中造成疾病感染的細菌與病毒百分之百清除。PWSS耗用的能源比一個吹風機還少，用一塊太陽能板就能操作。

佐里吉沒有針對窮人需求改良工業解決手段，他專門為世界各地貧民窟研發PWSS科技，而且果然有效。智利各地數以百計兒因此第一次有了可靠的乾淨飲用水來源。墨西哥個別與綜合水處理科技領先供應商Rotoplas集團（Grupo Rotoplas），在二〇一六年年中大舉投資智利AIC，[3]接管它的營運，打算把這些科技運用到整個拉丁美洲。它已經將一個「營區單位」（camp unit，能為一個小村提供足夠飲用水）的成本降到六千美元，而且可望還能進一步降低。這是可以負擔的成本，我相信它很快就能在非洲與亞洲普及，並且拯救千百萬條人命。不過這一切都仰仗為PWSS科技提供能源的太陽能。

直到不久之前，我們還無法充分利用太陽能，主因是捕捉太陽能、將它轉換為電（最後轉換為熱能）的成本過高。但自一九八〇年代以來，一些事情已經有變。我們製造電腦用半導體的技術已經大有長進，而半導體正是可以用來將太陽能轉換為電的東西。我們找出用更薄的矽片製造太陽能板的辦法。在如何更有效發揮太陽能效益的問題上，我們也比過去進步甚多。此外，最重要的是，規模經濟也開始影響到價格。太陽能板裝置得愈多，出廠數量隨著增加，製造成本也不斷降低。

基於這些理由，太陽能的捕捉科技正以指數曲線不斷前進。在這種走勢推動下，我們正邁向差不多無窮無盡、乾淨而且幾乎免費能源的時代。拉米茲・納姆（Ramez Naam）在他所著《無盡的資源：在資源有限的星球上發揮構想之力》（*The Infinite Resource: The Power of Ideas on a Finite Planet*）一書中，對這種趨勢有非常精闢的分析：

> 當隆納德・雷根（Ronald Reagan）一九八〇年就任美國總統時，美國境內平均零售電費約為每千瓦小時（kWh，按：即為「一度電」，就是耗電量一千瓦的用電器具，連續使用一小時所消耗的電量，表示為「一千瓦・小時〔1,000Wh〕」或「千瓦小時〔1kWh〕」。其關係如下：一度電＝一千瓦・小時〔1,000Wh〕＝千瓦小時〔1kWh〕。）五美分（以今天的美元換算）。另一方面，風力發電成本約為這個數字的十倍，高達每千瓦小時五十美分。太陽能發電成本更高出三十倍，達到每千瓦小時一百五十美分。

時代真的變了。今天，地點絕佳的風力發電設施即使沒有政府補助，發電成本也只有每千瓦小時四美分，比新的煤與天然氣發電批發價每千瓦小時七美分還低。太陽能發電成本也已大幅降低，而且仍在不斷降低。設在陽光最充沛地區的大規模太陽能發電設施，已經可以無需政府補助、將成本降到每千瓦小時（kWh）六美分，而且仍在不斷降低。[4]

這些數字仍在不斷變化。納姆告訴我，以二〇一六年八月的美國為例，在沒有政府補助的情況下，設在陽光最充沛地區的太陽能發電設施，發電成本僅有每千瓦小時四美分，風力發電設施成本更低。在二〇一六年九月，業者向阿布達比提出的太陽能發電案，每千瓦小時成本只有二點四二美分。[5]

貝爾實驗室（Bell Labs）在一九五四年建的第一個太陽能光電板，發電成本為每瓦一千美元。[6]今天，太陽能模組成本約為每瓦五十美分。根據所謂史萬森法則（Swanson's Law），太陽能光電模組每在累計出貨量增加一倍時，價格就會削減百分之二十。太陽能發電整體成本（包括土地、裝設太陽能板的人工以及其他需用裝備）每在累計出貨量增加一倍時削減約百分之十五。

過去四十年，隨著成本不斷下降，太陽能發電量每二年增加一倍。[7]如果按照這種速度持續發展，太陽能只需再倍增六次，也就是不出十四年以後，就能百分百滿足今天的能源需求。用電量會持續增加，也因此這是一個不斷移動的目標。但即使納入這項考量，廉價的再生能源也能在不到二十年內滿足全球用電需求而有餘。所以能有如此遠景，是因為太陽能發電已經蔚為風潮，而太陽能發電核心科技也正以指數曲線飛速成長。當克萊格．范特將人類基因組解密百分之一時，雷．庫茲威爾說，在百分百解密的路上，范特實際上已經完成了一半旅途，因為根據指數成長曲線，從百分之零點零一到百分之一需要的時間，與從百分之一到百分之百需要的時間一樣。這個道理也適用於太陽能發電科技。

迅速成長的不僅是太陽能科技而已，有關風力、生物質、地熱、潮汐、以及廢物裂解能源的科技也在不斷進步，各式各樣改善它們效益的研究計畫也在全球各地積極展開。根據彭博新能源財經公司（Bloomberg New Energy Finance）發表的數據，風力發電的價格，現在已經能與美國境內新型燃煤發電的價格競爭了。[8]

批判乾淨能源的人士（特別是那些石油業者）激烈辯稱，太陽在夜裏不會放光，風也不會一天二十四小時吹個不停。他們說，這類科技的致命弱點就在於儲存能源的能力，因為電池貴得讓人負擔不起，而且又大又笨重。

這些人在這方面也錯了，因為儲存能源的成本同樣大幅下滑。自一九九〇年起，電池成本大約每年減少百分之二十。如果目前走勢持續，當太陽能與風力發電科技成熟時，電池與其他儲存能源科技的成本將跌至每一度電（kWh＝每千瓦小時）只有幾美分，使太陽能與風力可以每周七天、每天二十四小時不斷供電，而且價格比其他任何能源供電都更便宜。

使用乾淨能源的好處比我們想像得還要好。瑞典斯德哥爾摩環境研究所（Stockholm Environment Institute）的比尚・尼克維（Bjorn Nykvist）與曼斯・尼爾森（Mans Nilsson），在科學月刊《自然氣候變化》（*Nature Climate Change*）發表的研究報告中指出，從二〇〇七到二〇一一年，電池動力電動車的平均電池成本每年大約減少百分之十四。[9]就這樣，電池成本在二〇一六年已經降到國際能源署（International Energy Agency）原本預測要到二〇二〇年才能降到的成本。無需多久，與汽油動力車輛相比，電動車的操作成本就會低得多。家庭與企業也可以運用車用電池運用的同樣科技儲存能源。

在電池科技研發領域，特斯拉居於領先地位。它斥資五十億美元打造的「超級工廠」（Gigafactory）已經在二〇一六年七月啟動，可以年產電力三千五百萬度（gigawatt-hours，GWh，百萬度＝每小時百萬千瓦）的蓄電池，超過二〇一三年全球生產的鋰電池能量總合。特斯拉創辦人伊隆・馬斯克在啟動儀式中說，他相信電池價格在二〇二〇年可以降到每千瓦小時一百美元（在二〇一〇年，電池平均價格為每千瓦小時一千二百美元）。特斯拉同時還在打造運用電池科技於家庭與企業的遠景。它推出的Powerwall家用蓄電池，可以讓裝有太陽能板的家庭甚至可以自己儲存能源，完全不依賴電廠供電。

附帶一提：許多新太陽能科技正在發展中，例如科學家正在實驗一種叫做「鈣鈦礦」（perovskite）的新材質。鈣鈦礦是一種感光晶體，如果研發成功，有可能比現有一切太陽能解決辦法更有效、更廉價、而且用途更廣。[10]過去五年，鈣鈦礦的太陽能轉換效率，已經從百分之四增加到將近百分之二十，成為光電領域發展最快的科技。矽的太陽能轉換效率理論極限為約百分之三十二，鈣鈦礦的太陽能轉換效率據估計約為百分之六十六，所以如果能成功商業化，會帶來徹底改觀的劇變。

這些科技如何在全球各地造福全人類

這種科技進步，不僅造福已開發世界而已；無論任何地區，只要能在屋頂上架設太陽能板，就能獲利。就連偏鄉小村，也會因為享有免費電力而出現影響深遠的結果。這種事已經出現了。

在非洲，目前有十二億人無電可用，另有二十五億人雖然可以用電，但電廠供電狀況時斷時續。更糟的是，欠缺可靠電力供應還造成許多惡果。人們被迫使用骯髒的煤油點燈照明，根據《經濟學人》的評估，煤油燈的能源成本為每千瓦小時（kWh，一件功率為一千瓦的電器在使用一小時之後所消耗的電力，俗稱「一度電」）十美分，比西方國家現代化電廠的供電成本高得多。[10]更惡劣的是，煤油燈在非洲無處不在，它們造成的毒焰導致呼吸器官疾病，每年讓數十萬人喪生。

過去十年，太陽能光電板成本大幅降低、發光二極管（Light-emitting diode，ＬＥＤ，按：可以發光的半導體電子元件，是透過三價與五價元素所組成的複合光源）價格下挫，為二千多萬非洲人帶來光明。世界銀行（World Bank）的「照亮非洲」（Lighting Africa）計畫將經過批准的裝置賣到非洲，每年的銷售額都在倍增。[11]附帶蓄電池的太陽能ＬＥＤ燈每個賣八美元。[12]對許多極貧的非洲人來說，這仍然是一筆大開支，但至少還能負擔。

覆蓋整個非洲的中央電廠可能永遠不會建立。在非洲地區，大概只有透過真正各自為政的方式，才能解決用電問題。學校、醫院、與家庭或自行發電，或就近取材。固網電信的情況也一樣：非洲已經跳過地面線路，躍入手機網路。在有些地方，非洲的這些網路比美國境內的網路還好。非洲由於能跳過傳統基礎設施，集中力量投入未來，從太陽能、LED、與其他能源科技獲益尤其巨大。

非洲的分散式微發電做法除了照明效應外，還能讓使用者以更廉價的方式為手機充電。說來或許令人難以置信：對許多無法享有電力供應的非洲人來說，為手機充電是他們的一項重大開支：他們得付一大筆錢到充電站充電。降低用電成本可以降低手機持有成本，可以讓語音與數據通信更便宜，使窮人改善生活，脫離貧窮。資訊就是力量：但想取得資訊，你得先有電才行。不出十年，我們應該可以在非洲見到百分之五十的太陽能板與LED燈具普及，非洲人應該可以用廉價的電，使用小型家電或為手機充電。

所以，到那一天，世上任何地區，無論窮國與富國，每個人都能享用基本上免費的燈光。那會帶來其他許多好處。

免費的電，意味更和平的世界

在許多傷亡最慘重的全球衝突中，水與能源等天然資源都是衝突焦點。在烏克蘭，天然氣管線是造成與俄羅斯爭議的主因之一。日本所以挑起第二次世界大戰，部分原因是它缺乏石油等天然資源。印度與中國正為水權問題而爭執不下，由於中國想在南方擴大農耕，印度為滿足迅速增長的人口也力圖增產糧食，這場爭執有急遽惡化的趨勢。中國目前建議，在從中國流入印度與孟加拉的大河上游建立大壩。[13]

電費降低以後，可資運用的水源更加充沛，更多沙漠可以轉換為生產蔬果的綠地。我們世上多的是陽光充沛、可以建為農場的沙漠。以色列已經開創沙漠農業經濟，美國亞利桑那州的番茄農場，是世上最多產的農場之一。與肥沃的田地相比，沙漠地價低得多，若能在廣大的沙漠引水灌溉，許多乾旱之鄉將成為盛產作物的綠地。垂直農場（vertical farming）也有極大潛能。設想一下，自駕車普及以後，城市可以將不再需要的停車場轉為農地，用LED燈與人工智慧軟體種植有機食物。所以有機，是因為當我們在高樓裏的玻璃屋種植蔬果時，我們不需要殺蟲劑，也不需要採取蟲害防治措施了。

彼得．迪亞曼迪在他的《富足：解決人類生存難題的重大科技創新》書中寫道，有一天，人類一切需求都能滿足：到了那一天，世上再也沒有人捱餓，沒有人得不到乾淨的水；到了那一天，世上每個人都有衣穿，都有電用，都有手機與房子；他相信這是非常可能達到的目標。[14]我同意他的看法，如果我們把事情做對了，如果我們能找出科技進步利益共享之道，如果我們採取正確的途徑，達到這些目標並不難。

我知道我在這一章有許多大膽的推斷，假定科技可以解決一切，假定我們可以走上正途。但每當我見到印度與非洲國家如何因手機、網際網路、太陽能、與教育而改頭換面時，我同時也見到充滿可能的未來。在與打造這些科技的企業家共度時，我見到他們解決問題的決心，因為他們相信這是一場提升人類福祉之爭。當我見到我們在電動車、太陽能、與蓄電池科技方面的進步時，我相信到二〇二〇年代，在我們這個欣欣向榮的世界，大多數人只要願意，都能像我現在一樣，用陽光提供百分百的能源需求，生活在一個乾淨能源的環境裏。

這些科技更能促成我們自主，還是造成我們依賴？

幾近免費的能源與水源，再加上自駕車，將成為人類有史以來最強的自主強心針。在取得能源與水二大關鍵以後，我們才能進而爭取其他一切讓我們人生更美滿舒適的東西。能源為我們保暖，為我們的車輛提供動力，照亮我們的家，啟動我們的通信系統，等等。廉價的能源還能為我們帶來源源無盡的淡水，讓我們種植更多食物。

能源與水源結合在一起，能讓我們滿足一切需求。在世上那些治理不佳、或基礎設施欠缺的地區，廉價的能源與水源，還能讓居民享有與西方已開發世界所差不多的生活品質。我們能享有更多自主，不必擔心依賴；幾近免費的能源與水源，能給我們更多自主，還能降低我們的依賴。與本書討論的所有其他議題相比，能源與水源的易於取用，更能為我們帶來基本富足，改善全體人類，從富翁到貧民的福祉。

結論

未來會像是《星際爭霸戰》，還是像《瘋狂麥斯：憤怒道》？

在看完這本書以後，你如果抱怨我讓你就像坐雲霄飛車一樣，前一刻用令人驚豔的未來美景讓你興奮不已，下一刻又讓你嚇得魂不附體，我不會感到意外。因為科技行經的途徑本來就是這樣：它帶來提升人類、無限美好的可能，但同時也有非常黑暗的一面。沒有人能知道確切的結果，因為未來還沒有發生，它的結果取決於我們怎麼做。如同我一再強調的，我們今後能不能打造像《星際爭霸戰》那樣的烏托邦，還是淪為《瘋狂麥斯：憤怒道》那種反烏托邦式的未來，得由我們集體選擇而定。

最古老的科技或許非火莫屬，它的年代甚至比我們老祖先發明石器的年代還要早。火可以燒肉，可以取暖；但也可以把一整片森林燒成灰燼。從這以後，每一種科技也都一樣同時有其光明面，但也有黑暗的一面。科技是工具，造福亦或為惡端看我們怎麼使用它而定。

我將一堆科技擺在你面前，請你用一種透鏡或濾紙，評估它們對社會與人類的價值。我請你考慮它們是否具有平等加惠於每個人的潛力，它們會帶來什麼風險與好處，還有它們更能造成我們的自主或我們的依賴。這幾個問題的核心是公正與平等。產業顛覆必然會出現、千百萬就業機會將就此消失，我們的生活也將面臨變得更好或更壞的選擇。如果我們可以公正以對，幫助受創最重、準備工作做得最差的人，緩解他們的轉型痛苦，我們就能打造像《星際爭霸戰》那樣的烏托邦：世上每個人都有食物、有住處、都能受教育、都有燈光，而且和他人保持互通。面對一個就在我們眼前每一天、每一分鐘不斷變化的世界，如果我們能在心理、社交、道德、與法律層面迅速調適，我們一定會有更美好的未來。

最終，我相信你能想出解決之道，相信我們全人類能一起想出解決之道。儘管恐懼，我知道人類有一天會走到這一步，並且衝破障礙，因為情況一直就是這樣。

在《星際爭霸戰》影集中，星際艦隊指揮官艦長皮卡（Captain Picard）曾在談到未來時說，「爭取財富，不再是我們人生的動力。我們工作，為的是自我提升，為的是促成人類全體的進步。」這是我們必須一起努力打造的未來。

謝啟

我最感激、虧欠也最多的是我的家人。妻子塔文德（Tavinder）是我人生的骨幹，也是我最大的支柱。我的兒子塔倫（Tarun），由於是這本書討論的許多主題的專家，幫我做了許多查證與試探的工作。我的長子文尼（Vineet）是我在醫療保健、作息均衡、與其他許多問題上的智囊。

我要感謝我的友人亞歷克斯．沙克佛（Alex Salkever），他付出極大心力幫我寫成這本書。大約十年前，時任《商業週刊》（*BusinessWeek*）編輯的他，就鼓勵我寫作。他先教我怎麼為商業刊物撰寫專欄，之後又教我寫書的技巧。除了他，還有我兒時玩伴、來自澳洲坎培拉（Canberra）的約翰．哈維（John P. Harvey）。哈維是這本書的編輯，他在這本書的整個製作過程中不斷督促、提醒我們，做出許多內容塑造與澄清的重要建議，扮演關鍵角色。

最重要的是，我要感謝在這趟前後十年的寫作之旅中，與我會面、交集的數以萬計的人。若不是你們賜予我的知識、智慧、與見解，我不可能寫成這本書。非常感謝你們。

最後，我要感謝幾位幾乎永遠隱身幕後的人：我的代理人卡絲琳・安德森（Kathleen Anderson）與我的出版商尼爾・馬雷（Neal Mallett）與吉凡・西法蘇拉曼（Jeevan Sivasubramaniam）。他們鼓勵亞歷克斯與我重新改寫，將我們的想法具體化，寫成這本我希望能與你共勉、一起改變世界未來的書。

每小時百萬千瓦，GWh

Rotoplas集團，Grupo Rotoplas

《無盡的資源：在資源有限的星球上發揮構想之力》（暫譯）*The Infinite Resource: The Power of Ideas on a Finite Planet*

國際能源署，International Energy Agency，IEA

每千瓦小時，kWh（一件功率為一千瓦的電器在使用一小時之後所消耗的電力，俗稱「一度電」）

發光二極管，light-emitting diode，LED

照亮非洲，Lighting Africa

曼斯・尼爾森，Mans Nilsson

自然氣候變化，Nature Climate Change

石油輸出國組織，Organization of the Petroleum Exporting Countries，OPEC

鈣鈦礦，perovskite

拉米茲・納姆，Ramez Naam

隆納德・雷根，Ronald Reagan

斯德哥爾摩環境研究所，Stockholm Environment Institute

史萬森法則，Swanson's Law

太瓦，terawatts

垂直農場，vertical farming

世界銀行，World Bank

【結論】

艦長皮卡，Captain Picard

傑克・彼得森，Jake Peterson
奈米材料，Nanomaterial
美國國家公共電台，National Public Radio，NPR
美國專利與商標局，Patent and Trademark Office
史考特・郝利斯特，Scott Hollister
第二眼，Second Sight
《無敵金剛》，*The Six-Million Dollar Man*
史帝夫・奧斯汀，Steve Austin
超人類主義，transhumanism
密西根大學，University of Michigan
視覺儀與感應有機體代用品，Visual Instrument and Sensor Organ Replacement，VISOR
威克森林大學，Wake Forest University
摩爾定律，Moore's law

【第十五章】

智利尖端創新中心，Advanced Innovation Center Chile，AIC Chile
奧夫雷多・佐里吉，Alfredo Zolezzi
貝爾實驗室，Bell Labs
比尚・尼克維，Bjorn Nykvist
彭博新能源財經公司，Bloomberg New Energy Finance
營區單位，camp unit
聖嬰現象，El Niño
超級工廠，Gigafactory

普華永道（台灣稱為資誠聯合會計師事務所），PricewaterhouseCoopers，PwC
羅蘭・佛格，Roland Vogl
三星監測器，Samsung Paddle
史丹福法律資訊中心，Stanford Center for Legal Informatics
汰漬，Tide
傳易達，VTech
Wolfram連線裝置計畫，Wolfram Connected Devices Project

【第十四章】

積層列印，additive printing
亞曼達・巴克斯特，Amanda Boxtel
老年性黃斑部病變，age-related macular degeneration，AMD
安東尼・亞塔拉，Anthony Atala
傳統心血管支架，baremetal stents
生物墨，bio-ink
生物列印，bioprinting
卡爾・巴斯，Carl Bass
藥物支架，drug-eluting stents
Ekso生物科技公司，Ekso Bionics
聯合縮小軍，Fantastic Voyage
賈雷・彼得森，Garrett Peterson
鷹眼，Geordi La Forge
艾賽克・阿西莫夫，Isaac Asimov

金黛米，Tammie Kim（譯音）
富豪汽車，Volvo
〈我應該怪誰？自主與透明對人類和機器人互動歸因的影響〉，*Who Should I Blame? Effects of Autonomy and Transparency on Attributions in Human-Robot Interaction*
世界衛生組織，World Health Organization，WHO
彭建強，Pang Kin Keong
新加坡緯壹科技城，one-north

【第十三章】
藍箱保全，Bluebox Security
藍芽，Bluetooth
美國聯邦通信委員會，Federal Communications Commission，FCC
電子前線基金會，Electronic Frontier Foundation，EFF
奇異／通用電氣，General Electric，GE
忠利集團，Generali
哈囉芭比娃娃，Hello Barbie
〈物聯網：實話實說的價值評估〉，*The Internet of Things: Mapping the Value beyond the Hype*
美泰兒，Mattel
麥肯錫全球研究所，McKinsey Global Institute，MGI
開放感應器，OpenSensors
開車才付費，Pay as I Drive
鳳凰城，Phoenix

科學美國人，Scientific American
三染色體18症／18三體症候群，trisomy 18
精準醫療，precision medicine
〈基因剪輯何以需要緊急喊停〉，*Why there's an urgent need for a moratorium on gene editing*

【第十二章】

美國汽車協會，American Automobile Association
美國卡車協會，American Trucking Associations
美聯社，Associated Press，AP
美國勞工統計局，Bureau of Labor Statistics
戴姆勒賓士，Daimler-Benz
黑人駕車，driving while black
哥倫比亞大學地球研究所，Earth Institute at Columbia University
法洛克威，Far Rockaway
《如果我造了一輛車》（暫譯），*If I Built a Car*
曼哈坦，Manhattan
美國國家公路運輸安全署，National Highway Transportation Safety Agency，NHTSA
帕米拉·韓茲，Pamela Hinds
豐田油電混合車普銳斯，Prius
聖塔芭芭拉，Santa Barbara
聖塔克拉拉谷盲人中心，Santa Clara Valley Blind Center
史蒂夫·馬漢，Steve Mahan

艾利克・葛林，Eric Green
功能性核磁共振掃瞄，functional-MRI scans，fMRI
基因漂變，genetic processes
基因組科學與政策研究所，Genome Sciences and Policy
人類基因組專案，Human Genome Project
人類長壽公司，Human Longevity
美國國家醫學院，Institute of Medicine，IoM
國際刑警組織，Interpol，International Police Organization
珍妮佛・道納，Jennifer Doudna
隨選殺除，killed on demand
勞倫斯・大衛，Lawrence David
馬克・古德曼，Marc Goodman
史隆恩・凱特林紀念醫院，Memorial Sloan Kettering Hospital
分子靶標，molecular targets
美國國家科學院，National Academy of Sciences of the United States，NAS
美國國家人類基因組研究所，National Human Genome Research Institute，NHGRI
美國國家微生物計畫，National Microbiome Initiative
《自然》，*Nature*
《新英格蘭醫學雜誌》，*The New England Journal of Medicine*
《紐約時報》，*New York Times*
理查・尼克森，Richard Nixon
倫敦皇家學會，Royal Society of London

聯邦快遞，FedEx
真主黨，Hezbollah
凱鵬華盈，Kleiner Perkins
庫德族，Kurdish
全美州議會會議，National Conference of State Legislatures
開放原始碼軟體，open-source software，OSS
超視距，over-the-horizon
蘭諾，Reno
聯合國兒童基金會，United Nations International Children's Emergency Fund，UNICEF
無人空中車輛，Unmanned Aerial Vehicles，UAV
無人飛機系統，Unmanned Aircraft Systems，UAS
沃爾瑪，Walmart
維斯郡，Wise County

【第十一章】

《大家來我家》，*A Prairie Home Companion*
安潔莉娜・裘莉，Angelina Jolie
賽雷拉基因組，Celera Genomics
孟德爾遺傳學研究中心，Centers for Mendelian Genomics
中國科學院，Chinese Academy of Sciences
克雷格・凡特，Craig Venter
克隆氏症，Crohn’s disease
囊性纖維化，cystic fibrosis

國土安全，Homeland
《必然》，*The Inevitable*（繁中版由貓頭鷹出版）
強納森・蘭納，Jonathan Reiner
凱文・凱利，Kevin Kelly
馬特・郝南，Mat Honan
《六十分鐘》，*60 Minutes*
納坦茲，Natanz
美國人事管理局，Office of Personnel Management
奧運會，Olympic Games
個人雲，personal clouds
紅字，scarlet letter
單點故障，single points of failure
社交工程，social engineering
震網，Stuxnet
推特，Twitter
推特用戶名，Twitter handle
威廉・華爾登，William Walden

【第十章】

加州森林火災防護局，California Department of Forestry and Fire Protection，CAL FIRE
克里斯・安德森，Chris Anderson
三維機器人，3D Robotics
達美樂披薩，Domino

〈就業未來〉，*The Future of Employment*
伊斯蘭國，ISIS
珍・傑森，Jane Jetson
關閉開關，kill-switches
天行者路克，Luke Skywalker
美萊村，Mai Lai
麻省理工學院，Massachusetts Institute of Technology，MIT
麥當勞，McDonald's
米卡・布朗，Micah Brown
麥克・奧斯本，Michael A. Osborne
動力機器，Momentum Machines
開放機器人，Open Roboethics
牛津大學，Oxford University
派特・阿畢爾，Pieter Abbeel
匹茲堡，Pittsburgh
美國人口參考局，Population Reference Bureau，PRB
雷・庫茲威，Ray Kurzweil
史蒂夫・沃茲尼克，Steve Wozniak
加州大學柏克萊分校，UC Berkeley

【第九章】
區塊鏈，blockchain
迪克・錢尼，Dick Cheney
喬治・華盛頓大學醫院，George Washington University Hospital

動感單車，spinning
史丹福醫學中心，Stanford Medical Center
《紐約時報》星期版，Sunday *New York Times*
遠距醫療，Telemedicine
湯瑪斯・高茲，Thomas Goetz
使用者旅程，user journeys
保健護理，wellness care
尊巴舞，Zumba

【第八章】

文愛姜，AJung Moon（譯音）
安德魯・麥卡菲，Andrew McAfee
能操持瑣碎雜務的柏克萊機器人，Berkeley Robot for the Elimination of Tedious Tasks，BRETT
卡爾・班尼迪・傅瑞，Carl Benedikt Frey
達拉斯，Dallas
美國國防高等研究計畫署，Defense Advanced Research Projects Agency，DARPA
DARPA 自駕車輛大獎挑戰賽，DARPA Grand Challenge
DARPA 機器人救災挑戰賽，DARPA Robotics Challenge
深度學習，Deep Learning
自生智慧，emergent intelligence
突現性，emergent properties
艾利克・布里喬森，Erik Brynjolfsson

大數據／巨量資料，big data

美國疾病防治中心，Centers for Disease Control and Prevention

混合健身，crossfit

表徵遺傳學，epigenetics

智慧手環，Fitbits

四導程心電系統，four-lead ECG

功能性磁振造影，functional magnetic-resonance imaging，fMRI

反基因歧視法，Genetic Information Nondiscrimination Act

查莫－克什米爾省，Jammu and Kashmir

吉姆．杜提，Jim Doty

卡納．卡霍，Kanav Kahol

麥肯錫，McKinsey & Company

默克藥廠，Merck

穆克沙，Muktsar

無序性，nominal

原始人飲食法，Paleo

帕拉奧圖，Palo Alto

妊娠毒血症，preeclampsia

預防醫學，preventive medicine

普利提金，Pritikin

益生菌，probiotic

旁遮普，Punjab

拉瑪南．拉米納拉揚，Ramanan Laxminarayan

羅氏，Roche

翻轉模式，flipped model

翻轉學校，flipped schooling

鑿壁上網教育計畫，Hole-in-the-Wall Education Project

全像，holographic

印度理工學院，Indian Institute of Technology

卡爾卡吉，Kalkaji

可汗學院，Khan Academy

大規模開放式線上課程，Massive Open Online Courses，MOOCs

微創教育，Minimally Invasive Education

新德里，New Delhi

每個孩子都有筆記型電腦，One Laptop per Child，OLPC

芮秋，Rachel

雲端學校，Schools in the Cloud

蘇格拉底，Socratic

蘇嘉塔・米特拉，Sugata Mitra

TED，科技、娛樂與設計大會

虛擬實境，virtual-reality，VR

雅虎，Yahoo

機構障礙，institutional barrier

【第七章】

亞利桑那州立大學，Arizona State University

阿金斯，Atkins

歸因，attribution

機器學習，machine learning

馬拉加，Malaga

旋律基因組，melomics

拿破崙戰爭，Napoleonic Wars

弱人工智慧，narrow AI

奧克蘭，Oakland

〈為人工智慧的未來做準備〉，*Preparing for the Future of Artificial Intelligence*

莎曼沙，Samantha

O. J. 辛普森，O. J. Simpson（全名奧倫塔爾·詹姆斯·辛普森〔Orenthal James Simpson〕）

軟人工智慧，soft AI

《星際大戰》，*Star Wars*

史蒂芬·霍金，Stephen Hawking

席奧杜·湯布里，Theodore Twombly

湯瑪斯·戴文波特，Thomas Davenport

維諾德·柯斯拉，Vinod Khosla

《華爾街日報》，*The Wall Street Journal*

華生，Watson

【第六章】

擴增實境，augmented-reality，AR

克里夫，Clifford

德里，Delhi

國家徵用權，eminent domain
臉書，Facebook
美國食物與藥品管理局，Food and Drug Administration，FDA
普里塔．班沙爾，Preeta Bansal
強盜貴族，robber barons
蒙特雷科技大學，Tecnológico de Monterrey

【第五章】

亞馬遜，Amazon
強人工智慧，artificial general intelligence
超級人工智慧，artificial superintelligence
百森大學，Babson University
比爾．蓋茲，Bill Gates
快克古柯鹼，crack cocaine
舊金山巨人隊，Giant
硬人工智慧，hard AI
你好，世界！，Hello World!
《雲端情人》，*Her*
伊亞穆斯，Iamus
《危險》，*Jeopardy*
初級律師，junior lawyer
凱文．凱利，Kevin Kelly
法律文件披露，legal discovery
讓我們把所有的律師全部自動化，Let's Automate All the Lawyers

美國國家航空暨太空總署，National Aeronautics and Space Administration，NASA
數量級，orders of magnitude
彼得・迪亞曼迪，Peter H. Diamandis
量子計算，quantum computing
量子位元，qubits
雷・庫茲威爾，Ray Kurzweil
科技三合會，technology triad
柴維斯・卡拉尼克，Travis Kalanick
圖靈測試，Turing Test

【第三章】
調幅（廣播），amplitude modulation，AM
網飛，Netflix
美國聯邦航空管理局，Federal Aviation Administration，FAA
第四代長期演進技術，4G/LTE
堪薩斯市，Kansas
潛鳥計畫，Project Loon
濕體／人腦，wetware
典範轉移／範式轉移，paradigm shift

【第四章】
奇瓦瓦州，Chihuahua
編成條文的道德，codified ethics

阿波羅，Apollo

班傑利，Ben & Jerry's

比特幣，Bitcoin

區塊鏈分布式帳本系統，blockchain distributed ledger system

凱雷集團，Carlyle Group

思科系統，Cisco Systems

協和式客機，Concorde

克萊格・范特，J. Craig Venter

美國國防高等研究計畫署，Defense Advanced Research Projects Agency，DARPA

伊隆・馬斯克，Elon Musk

謎，enigma

圖形處理器，graphics-processor unit

希斯洛機場，Heathrow Airport

《人工智慧的未來：揭露人類思維的奧祕》，*How to Create a Mind: The Secret of Human Thought Revealed*（繁體中文版由經濟新潮社出版）

超迴路列車，Hyperloop

英特爾，Intel

物聯網，Internet of Things，IoT

拉哥斯，Lagos

加速回報法則，law of accelerating returns

馬賽族，Masai

摩爾定律，Moore's Law

山景，Mountain View
歐威爾式，Orwellian
被動式節能屋，Passive House
矽谷，Silicon Valley
特斯拉，Tesla
威廉・吉布森，William Gibson

【第一章】

伯尼・桑德斯，Bernie Sanders
芝加哥，Chicago
唐納・川普，Donald Trump
全球定位系統，Global Positioning System，GPS
希拉蕊・柯林頓，Hillary Clinton
無就業景氣復甦，jobless recoveries
康普茶，kombucha
盧德，Luddite
保護知識產權法案，Protect IP Act
禁止網路盜版法案，Stop Online Piracy Act
斯圖加，Stuttgart

【第二章】

《富足：解決人類生存難題的重大科技創新》（繁中版由商周出版），
Abundance: The Future Is Better Than You Think
愛迪生・李，Addison Lee

譯名對照

【序】

亞歷克斯・沙基佛，Alex Salkever

卡內基梅隆大學，Carnegie Mellon University

杜克大學，Duke University

基因複製儀，replicator

奇點大學，Singularity University

史丹福大學，Stanford University

《星際爭霸戰》，*Star Trek*

分析手機，tricorder

【前言】

黑暗時代，Dark Ages

谷歌，Google

《傑森一家》，*The Jetsons*

《瘋狂麥斯：憤怒道》，*Mad Max*

門羅公園，Menlo Park

10. "The leapfrog continent," *Economist* 6 June 2015, http://www.economist.com/news/middle-east-and-africa/21653618-falling-cost-renewable-energy-may-allow-africa-bypass (accessed 21 October 2016).
11. *Scaling up access to electricity: The case of Lighting Africa,* Live Wire 2014/20, World Bank, http://documents.world bank.org/curated/en/804081468200339840/pdf/88701-REPF-BRI-PUBLIC-Box385194B-ADD-SERIES-Live-wire-knowledge-note-series-LW20-New-a-OKR.pdf (accessed 21 October 2016).
12. "Lighting the way," *Economist* 1 September 2012, http://www.economist.com/node/21560983 (accessed 21 October 2016).
13. Sudha Ramachandran, "Water wars: China, India and the great dam rush," *Diplomat* 3 April 2015, http://thediplomat.com/2015/04/water-wars-china-india-and-the-great-dam-rush (accessed 21 October 2016).
14. Kotler, *Abundance*.

4. Ramez Naam, *The Infinite Resource: The Power of Ideas on a Finite Planet*, Hanover and London: University Press of New England, 2013.
5. Katie Fehrenbacher, "A jaw-dropping world record solar price was just bid in Abu Dhabi," *Fortune* 19 September 2016, http://fortune.com/2016/09/19/world-record-solar-price-abu-dhabi (accessed 21 October 2016).
6. D. M. Chapin, C. S. Fuller, and G. L. Pearson, "A new silicon *p–n* junction photocell for converting solar radiation into electrical power," *Journal of Applied Physics* May 1954;25:676–677, http://scitation.aip.org/content/aip/journal/jap/25/5/10.1063/1.1721711 (accessed 21 October 2016).
7. Tom Randall, "Wind and solar are crushing fossil fuels," *Bloomberg* (6 April 2016), http://www.bloomberg.com/news/articles/2016-04-06/wind-and-solar-are-crushing-fossil-fuels (accessed 21 October 2016).
8. Seb Henbest, Elena Giannakopoulou, Ethan Zindler, et al., *New Energy Outlook 2016: Powering a Changing World*, Bloomberg New Energy Finance 2016, https://www.bloomberg.com/company/new-energy-outlook (accessed 21 October 2016).
9. Björn Nykvist and Måns Nilsson, "Rapidly falling costs of battery packs for electric vehicles," *Nature Climate Change* 23 March 2015;5:329–332, http://www.nature.com/nclimate/journal/v5/n4/full/nclimate2564.html (accessed 21 October 2016).

2. NPR 17 March 2014, http://www.npr.org/sections/health-shots/2014/03/17/289042381/doctors-use-3-d-printing-to-help-a-baby-breathe.
3. Elizabeth Svoboda, " 'Watch me walk,' " *Saturday Evening Post* March–April 2012;284(2):20–25, http://www.saturdayeven ingpost.com/2012/03/14/in-the-magazine/health-in-the-maga zine/watch-walk.html (accessed 21 October 2016).
4. Catherine de Lange, "Engineered vaginas grown in women for the first time," *New Scientist* 10 April 2014, https://www.newscientist.com/article/dn25399-engineered-vaginas-grown-in-women-for-the-first-time (accessed 21 October 2016).

【第十五章】

1. "Water, sanitation and hygiene links to health," World Health Organization November 2004, http://www.who.int/water_sanitation_health/publications/facts2004/en (accessed 21 October 2016).
2. "A task of terawatts" (editorial), *Nature* 14 August 2008;454:805, http://www.nature.com/nature/journal/v454/n7206/full/454805a.html (accessed 21 October 2016).
3. "Grupo Rotoplas announces agreement to acquire minority stake in the Advanced Innovation Centre (AIC)," PR Newswire 9 March 2016, http://www.prnewswire.com/news-releases/grupo-roto plas-announces-agreement-to-acquire-minor ity-stake-in-the-advanced-innovation-center-aic-300233881.html (accessed 21 October 2016).

(accessed 21 October 2016).

6. Andrea Peterson, "Hello (hackable) Barbie," *Washington Post* 4 December 2015, https://www.washingtonpost.com/news/the-switch/wp/2015/12/04/hello-hackable-barbie (accessed 21 October 2016).
7. "FAQ about cyber attack on VTech Learning Lodge," VTech 8 August 2016, https://www.vtech.com/en/press_release/2015/faq-about-data-breach-on-vtech-learning-lodge (accessed 21 October 2016).
8. PwC, *Managing Cyber Risks in an Interconnected World: Key findings from The Global State of Information Security® Survey 2015*, PwC 2014, http://www.pwc.com/gx/en/consulting-services/informa tion-security-survey/assets/the-global-state-of-informa tion-security-survey-2015.pdf (accessed 21 October 2016).
9. "Equipment Authorization Approval Guide," Federal Communications Commission 21 October 2015, https://www.fcc.gov/engi neering-technology/laboratory-division/general/equip ment-authorization (accessed 21 October 2016).

【第十四章】

1. Rob Stein, "Baby thrives once 3-D-printed windpipe helps him breathe," NPR 23 December 2014, http://www.npr.org/sec tions/health-shots/2014/12/23/370381866/baby-thrives-once-3D-printed-windpipe-helps-him-breathe (accessed 21 October 2016).

in-pittsburgh-this-month-is06r7on (accessed 23 October 2016).

【第十三章】

1. Generali (undated) http://www.generali.es/seguros-particulares/auto-pago-como-conduzco (accessed 21 October 2016).
2. James Manyika, Michael Chui, Peter Bisson, et al., *The Internet of Things: Mapping the Value beyond the Hype*, McKinsey 2015, http://www.mckinsey.com/business-functions/digital-mckinsey/our-in sights/the-internet-of-things-the-value-of-digitizing-the-physical-world (accessed 21 October 2016).
3. Hayley Tsukayama, "VTech says 6.4 million children profiles were caught up in its data breach," *Washington Post* 1 December 2015, https://www.washingtonpost.com/news/the-switch/wp/2015/12/01/vtech-says-6-4-million-children-were-caught-up-in-its-data-breach (accessed 21 October 2016).
4. Lorenzo Franceschi-Bicchierai, "One of the largest hacks yet exposes data on hundreds of thousands of kids," *Motherboard* 27 November 2015, http://motherboard.vice.com/read/one-of-the-largest-hacks-yet-exposes-data-on-hundreds-of-thousands-of-kids (accessed 21 October 2016).
5. Lorenzo Franceschi-Bicchierai, "Hacker obtained children's headshots and chatlogs from toymaker VTech," *Motherboard* 30 November 2015, http://motherboard.vice.com/read/hacker-obtained-childrens-headshots-and-chatlogs-from-toymaker-vtech

com/articles/baidu-plans-to-mass-produce-autonomous-cars-in-five-years-1464924067 (accessed 21 October 2016).

11. Annabelle Liang and Dee-Ann Durbin, “World’s first self-driv ing taxis debut in Singapore,” The Big Story 25 August 2016, http://bigstory.ap.org/article/615568b7668b452bbc8d2e2f3 e5148e6/worlds-first-self-driving-taxis-debut-singapore (accessed 21 October 2016).
12. “Reports, trends & statistics,” American Trucking Associations (undated), http://www.trucking.org/News_and_Infor mation_Reports_Industry_Data.aspx (accessed 21 October 2016).
13. Taemie Kim and Pamela Hinds, “Who Should I Blame? Effects of Autonomy and Transparency on Attributions in Human–Robot Interaction” (in: *RO-MAN 2006—The 15th IEEE International Symposium on Robot and Human Interactive Communication*, Cambridge, Massachusetts: M.I.T., 2006), M.I.T. (undated), http://alumni.media.mit.edu/~taemie/papers/200609_ROMAN_TKim.pdf (accessed 21 October 2016).
14. Kirsten Korosec, “Elon Musk says Tesla vehicles will drive themselves in two years,” *Fortune* 21 December 2015, http://for tune.com/2015/12/21/elon-musk-interview (accessed 21 October 2016).
15. Max Chafkin, “Uber’s first self-driving fleet arrives in Pittsburgh this month,” *Bloomberg* 18 August 2016, http://www.bloom berg.com/news/features/2016-08-18/uber-s-first-self-driving-fleet-arrives-

ei.columbia.edu/files/2012/12/Transforming-Personal-Mobility-Jan-27-20132.pdf (accessed 21 October 2016).

5. Paul Stenquist, "In self-driving cars, a potential lifeline for the disabled," *New York Times* (New York edition) 9 November 2014:AU2, http://www.nytimes.com/2014/11/09/automobiles/in-self-driving-cars-a-potential-lifeline-for-the-disabled.html (accessed 21 October 2016).
6. J.R. Treat, N.S. Tumbas, S.T. McDonald, et al., *Tri-Level Study of the Causes of Traffic Accidents: Final Report*, volume II: Special Analyses, Bloomington, Indiana: Institute for Research in Public Safety, 1979, http://ntl.bts.gov/lib/47000/47200/47286/Tri-level_study_ofrom_the_causes_of_traffic_accidents_vol__II.pdf (accessed 21 October 2016).
7. "Road traffic deaths," World Health Organization 2015, http://www.who.int/gho/road_safety/mortality/en (accessed 23 October 2016).
8. Insurance Institute for Highway Safety's Highway Loss Data Institute, General Statistics 2004, http://www.iihs.org/iihs/topics/t/general-statistics/fatalityfacts/state-by-state-overview (accessed 21 October 2016).
9. World Health Organization, Road Safety, http://gamap server. who.int/gho/interactive_charts/road_safety/road_traffic_deaths2/atlas.html (accessed 21 October 2016).
10. Alyssa Abkowitz, "Baidu plans to mass produce autonomous cars in five years," *Wall Street Journal* 2 June 2016, http://www.wsj.

2012, http://www.theatlantic.com/magazine/archive/2012/11/hacking-the-presidents-dna/309147 (accessed 21 October 2016).

16. The White House, "FACT SHEET: Announcing the National Microbiome Initiative," The White House 13 May 2016, https://www.whitehouse.gov/the-press-office/2016/05/12/fact-sheet-announcing-national-microbiome-initiative (accessed 21 October 2016).

【第十二章】

1. "If I Built a Car: By Chris Van Dusen," Penguin Random House 14 June 2007, http://www.penguinrandomhouse.com/books/293311/if-i-built-a-car-by-chris-van-dusen/9780142408254 (accessed 21 October 2016).
2. Erin Stepp, "Three-quarters of Americans 'afraid' to ride in a self-driving vehicle," American Automobile Association 1 March 2016, http://newsroom.aaa.com/2016/03/three-quarters-of-americans-afraid-to-ride-in-a-self-driving-vehicle (accessed 21 October 2016).
3. Fred Lambert, "Understanding the fatal Tesla accident on autopilot and the NHTSA probe," *Electrek* 1 July 2016, https://elec trek.co/2016/07/01/understanding-fatal-tesla-accident-autopi lot-nhtsa-probe (accessed 21 October 2016).
4. Lawrence D. Burns, William C. Jordan, and Bonnie A. Scarborough, *Transforming Personal Mobility* (rev.), New York, NY: The Earth Institute, Columbia University, 2013, http://sustainablemobility.

for Zika virus? Researchers released genetically modified mosquitos into Brazil three years ago," *Daily Mail* Australia 1 February 2016, http://www.dailymail.co.uk/news/arti cle-3425381/ Are-scientists-blame-Zika-virus-Researchers-released-genetically-modified-mosquitos-Brazil-three-years-ago.html. Deanna Ferrante, "Florida residents protest release of genetically modified mosquitos to fight Zika virus," *Orlando Weekly* 22 April 2016, http://www.orlandoweekly.com/Blogs/archives/2016/04/22/florida-residents-protest-release-of-genetically-modified-mosquitos-to-fight-zika-virus.

12. Andrew Pollack, "Jennifer Doudna, a pioneer who helped simplify gene editing," *New York Times* 11 May 2015, http://www.nytimes.com/2015/05/12/science/jennifer-doudna-crispr-cas9-genetic-engi neering.html (accessed 21 October 2016).
13. Vivek Wadhwa, "Why there's an urgent need for a moratorium on gene editing," *Washington Post* 8 September 2015, https://www.washingtonpost.com/news/innovations/wp/2015/09/08/why-theresan-urgent-need-for-a-moratorium-on-gene-editing (accessed 21 October 2016).
14. "International summit on human gene editing, December 1–3 2015," Innovative Genomics Initiative (undated), https://inno vative genomics.org/international-summit-on-human-gene-editing (accessed 21 October 2016).
15. Miles Donovan, "Hacking the President's DNA," *Atlantic* November

"The effect of diet on the human gut microbiome: A metagenomic analysis in humanized gnotobiotic mice," *Science Translational Medicine* 2009;1(6):6ra14, https://www.ncbi.nlm.nih.gov/pmc/articles/PMC2894525 (accessed 21 October 2016).

7. "Gen9 announces next generation of the BioFab® DNA synthesis platform," Gen9 21 March 2016, https://blog.gen9 bio.com/about-us/news-events/press-releases/gen9-announces-next-generation-biofab-dna-synthesis-platform (accessed 21 October 2016).
8. Yuyu Niu, Bin Shen, Yiqiang Cui, et al., "Generation of gene-modified cynomolgus monkey via Cas9/RNA-mediated gene targeting in one-cell embryos," *Cell* 2014;156(4):836–843, http://www.cell.com/cell/abstract/S0092-8674(14)00079-8 (accessed 21 October 2016).
9. David Cyranoski and Sara Reardon, "Chinese scientists genetically modify human embryos," *Nature* 22 April 2015, http://www.nature.com/news/chinese-scientists-genetically-modify-human-embryos-1.17378 (accessed 21 October 2016).
10. Ewen Callaway, "Second Chinese team reports gene editing in human embryos," *Nature* 8 April 2016, http://www.nature.com/news/second-chinese-team-reports-gene-editing-in-human-embryos-1.19718 (accessed 21 October 2016).
11. "Controversy over genetically altered mosquitos," *Science Daily* 6 December 2012, https://www.sciencedaily.com/videos/521327.htm (accessed 21 October 2016). Joseph Curtis, "Are scientists to blame

"DNA sequencing versus standard aneuploidy screening," *New England Journal of Medicine* 2014;370:799–808, http://www.nejm.org/doi/full/10.1056/NEJMoa1311037 (accessed 21 October 2016).

2. Jessica X. Chong, Kati J. Buckingham, Shalini N. Jhangiani, et al., "The genetic basis of Mendelian phenotypes: Discoveries, challenges, and opportunities," *American Journal of Human Genetics* 2015;97(2):199–215, http://www.cell.com/ajhg/abstract/S0002-9297% 2815% 2900245-1 (accessed 21 October 2016).
3. Aleksandar D. Kostic, Dirk Gevers, Heli Siljander, et al., "The Dynamics of the Human Infant Gut Microbiome in Development and in Progression toward Type 1 Diabetes," *Cell Host & Microbe* 2015;17(2):260–273, http://dx.doi.org/10.1016/j.chom.2015.01.001 (accessed 21 October 2016).
4. David L. Suskind, Mitchell J. Brittnacher, Ghassan Wahbeh, et al., "Fecal microbial transplant effect on clinical outcomes and fecal microbiome in active Crohn's disease," *Inflammatory Bowel Diseases* 2015;21(3):556–563, http://journals.lww.com/i bdjournal/Fulltext/2015/03000/Fecal_Microbial_Transplant_Effect_on_Clinical.7.aspx (accessed 21 October 2016).
5. Kate Lunau, "Scientists are now trying fecal transplants on kids," *Motherboard* 16 September 2016, http://motherboard.vice.com/read/fecal-transplants-kids-ibd-crohns-colitis-mcmaster-clinical-trial (accessed 21 October 2016).
6. Richard J. Turnbaugh, Vanessa K. Ridaura, Jeremiah J. Faith, et al.,

07/17/faa-drone-delivery-amazon (accessed 21 October 2016).

6. Nicole Comstock, "Cal fire air tankers grounded due to drone," Fox40 25 June 2015, http://fox40.com/2015/06/25/cal-fire-air-tankers-grounded-due-to-drone (accessed 21 October 2016).
7. Kristina Davis, "Two plead guilty in border drug smuggling by drone," *Los Angeles Times* 13 August 2015, http://www.latimes.com/local/california/la-me-drone-drugs-20150813-story.html.
8. Victoria Bekiempis, "Father of man who built gun-shooting 'drone' says don't panic," *Newsweek* 21 July 2015, http://www.Newsweek.com/gun-shooting-drone-Newsweek-talks-inven tors-dad-355723 (accessed 21 October 2016).
9. "ISIS booby-trapped drone kills troops in Iraq, officials say," *Guardian* 12 October 2016, https://www.theguardian.com/world/2016/oct/12/exploding-drone-sent-by-isis-allies-kills-and-wounds-troops-in-iraq-report (accessed 21 October 2016).
10. "Unmanned Aircraft Systems," Federal Aviation Authority 29 August 2016, https://www.faa.gov/uas/(accessed 23 October 2016).
11. "Current unmanned aircraft state law landscape," National Conference of State Legislatures 7 October 2016, http://www.ncsl.org/research/transportation/current-unmanned-air craft-state-law-land scape.aspx (accessed 21 October 2016).

【第十一章】

1. Diana W. Bianchi, R. Lamar Parker, Jeffrey Wentworth, et al.,

Madison data dump," the *Verge* 19 August 2015, http://www.theverge.com/2015/8/19/9178855/ashley-madison-data-breach-implications (accessed 21 October 2016).

5. Mat Honan, "How Apple and Amazon security flaws led to my epic hacking," *WIRED* 6 August 2012, https://www.wired.com/2012/08/apple-amazon-mat-honan-hacking (accessed 21 October 2016).
6. Kevin Kelley, *The Inevitable*, Viking: New York, 2016.

【第十章】

1. Jonathan Vanian, "7-Eleven Just Used a Drone to Deliver a Chicken Sandwich and Slurpees," *Fortune* 22 July 2016, http://fortune.com/2016/07/22/7-eleven-drone-flirtey-slurpee (accessed 21 October 2016).
2. Mary Meeker, "Internet Trends 2015—Code Conference," Kleiner Perkins Caulfield & Byers, http://www.kpcb.com/blog/2015-internet-trends.
3. Chris Anderson, "How I accidentally kickstarted the domestic drone boom," *WIRED* 22 June 2012, http://www.wired.com/2012/06/ff_drones (accessed 21 October 2016).
4. "Malawi tests first unmanned aerial vehicle flights for HIV early infant diagnosis," UNICEF 14 March 2016, http://www.unicef.org/media/media_90462.html (accessed 21 October 2016).
5. Jonathan Vanian, "Drone makes first legal doorstep delivery in milestone flight," *Fortune* 17 July 2015, http://fortune.com/2015/

Employment: How Susceptible Are Jobs to Computerisation?, Oxford: University of Oxford, 2013, http://futureoflife.org/data/PDF/michael_osborne.pdf (accessed 21 October 2016).

11. James Manyika, Michael Chui, and Mehdi Miremadi, "These are the jobs least likely to go to robots," *Fortune* 11 July 2006, http://fortune.com/2016/07/11/skills-gap-automation.
12. Timothy J. Seppela, "Google is working on a kill switch to prevent an AI uprising," *Engadget* 3 June 2016, https://www.engadget.com/2016/06/03/google-ai-killswitch/(accessed 21 October 2016).

【第九章】

1. Dan Kloeffler and Alexis Shaw, "Dick Cheney feared assassination via medical device hacking: 'I was aware of the danger,' " ABC News 19 October 2013, http://abcnews.go.com/US/vice-pres ident-dick-cheney-feared-pacemaker-hacking/story?id=20621434 (accessed 21 October 2016).
2. Kim Zetter, "An unprecedented look at Stuxnet, the world's first digital weapon," *WIRED* 3 November 2014, https://www.wired.com/2014/11/countdown-to-zero-day-stuxnet (accessed 21 October 2016)
3. "What happened," U.S. Office of Personnel Management (undated), https://www.opm.gov/cybersecurity/cybersecurity-incidents (accessed 21 October 2016).
4. Casey Newton, "The mind-bending messiness of the Ashley

An Aging World: 2015, International Population Reports P95/16-1, Washington, D.C.: U.S. Government Publishing Office, 2016, http://www.census.gov/content/dam/Census/library/publi cations/2016/demo/p95-16-1.pdf (accessed 21 October 2016).

5. U.N. Department of Economic and Social Affairs Population Division, *World Population Prospects: The 2015 Revision*, New York: United Nations, 2015, https://esa.un.org/unpd/wpp/Publications/Files/WPP2015_Volume-I_Comprehensive-Tables.pdf (accessed 21 October 2016).
6. Stuart Russell, Nils J. Nilson, Barbara J. Grosz, et al., “Autonomous weapons: An open letter from AI and robotics researchers,” Future of Life Institute, http://futureoflife.org/open-letter-autono mous-weapons (accessed 21 October 2016).
7. AJung Moon, “Machine Agency,” Roboethics info Database 22 April 2012, http://www.amoon.ca/Roboethics/wiki/the-open-roboethics-initiative/machine-agency.
8. Jason Kravarik and Sara Sidner, “The Dallas shootout, in the eyes of police,” CNN 15 July 2016, https://en.wikipedia.org/wiki/2016_shooting_of_Dallas_police_officers (accessed 21 October 2016).
9. Erik Brynjolfsson and Andrew McAfee, *The Second Machine Age: Work, Progress, and Prosperity in a Time of Brilliant Technologies* (rev.), W.W. Norton, 2016, http://books.wwnorton.com/books/The-Second-Machine-Age (accessed 21 October 2016).
10. Michael A. Osborne and Carl Benedikt Frey, *The Future of*

par with sub-Saharan Africa," *New York Times* 24 April 2015, http://nytlive.nytimes.com/womenintheworld/2015/04/24/in-parts-of-the-us-maternal-death-rates-are-on-par-with-sub-saharan-africa (accessed 21 October 2016).

5. Ian L. Marpuri, "Researchers explore genomic data privacy and risk," National Human Genome Research Institute 8 April 2013, https://www.genome.gov/27553487/researchers-explore-genomic-data-privacy-and-risk (accessed 21 October 2016).
6. The Genetic Information Nondiscrimination Act of 2008, U.S. Equal Employment Opportunity Commission 21 May 2008, https://www.eeoc.gov/laws/statutes/gina.cfm (accessed 21 October 2016).

【第八章】

1. "Planet Money," National Public Radio 8 May 2015, http://www.npr.org/templates/transcript/transcript.php?storyId=405270046 (accessed 21 October 2016).
2. The Verge, "The 2015 DARPA Robotics Challenge Finals," https://www.youtube.com/watch?v=8P9geWwi9e0 (accessed 21 October 2016).
3. Richard Lawler, "Google DeepMind AI wins final Go match for 4–1 series win," *Engadget* 14 March 2016, https://www.engadget.com/2016/03/14/the-final-lee-sedol-vs-alphago-match-is-about-to-start (accessed 21 October 2016).
4. Wan He, Daniel Goodkind, and Paul Kowal, U.S. Census Bureau,

11. Executive Office of the President National Science and Technology Council Committee on Technology, *Preparing for the Future of Artificial Intelligence*, Washington, DC: The White House, 2016, https://www.whitehouse.gov/sites/default/files/whitehouse_files/microsites/ostp/NSTC/preparing_for_the_future_of_ai.pdf (accessed 21 October 2016).

【第六章】

1. Sugata Mitra, “Kids can teach themselves,” TED February 2007, http://www.ted.com/talks/sugata_mitra_shows_how_kids_teach_themselves (accessed 21 October 2016).

【第七章】

1. Richard Dobbs and James Manyika, “The obesity crisis,” *The Cairo Review of Global Affairs* 5 July 2015, https://www.thecairo review.com/essays/the-obesity-crisis (accessed 21 October 2016).
2. “Density of physicians (total number per 1000 population, latest available year),” WHO (undated), http://www.who.int/gho/health_workforce/physicians_density/en/(accessed 21 October 2016).
3. Andis Robeznieks, “U.S. has highest maternal death rate among developed countries,” *Modern Healthcare* 6 May 2015, http://www.modernhealthcare.com/article/20150506/NEWS/150509941 (accessed 21 October 2016).
4. Emily Cegielski, “In parts of the US, maternal death rates are on

com/2014/06/ai-healthcare (accessed 21 October 2016).

5. Thomas H. Davenport, "Let's automate all the lawyers," *Wall Street Journal* 25 March 2015, http://blogs.wsj.com/cio/2015/03/25/lets-automate-all-the-lawyers (accessed 21 October 2016).
6. Kevin Kelly, "The three breakthroughs that have finally unleashed AI on the world," *WIRED* 27 October 2014, http://www.wired.com/2014/10/future-of-artificial-intelligence (accessed 21 October 2016).
7. Matt McFarland, "Elon Musk: 'With artificial intelligence, we are summoning the demon,' " *Washington Post* 24 October 2014, https://www.washingtonpost.com/news/innovations/wp/2014/10/24/elon-musk-with-artificial-intelligence-we-are-sum mon ing-the-demon (accessed 21 October 2016).
8. Rory Cellan-Jones, "Stephen Hawking warns artificial intelligence could end mankind," BBC 2 December 2014, http://www.bbc.com/news/technology-30290540 (accessed 21 October 2016).
9. "Hi Reddit, I'm Bill Gates and I'm back for my third AMA. Ask me anything," *Reddit*, https://www.reddit.com/r/IAmA/comments/2tzjp7/hi_reddit_im_bill_gates_and_im_back_for_my_third (accessed 21 October 2016).
10. The White House, "The Administration's Report on the Future of Artificial Intelligence," The White House 12 October 2016, https://www.whitehouse.gov/blog/2016/10/12/administra tions-report-future-artificial-intelligence (accessed 21 October 2016).

3. "Uber banned in Germany as police swoop in other countries," BBC News 20 March 2015, http://www.bbc.com/news/technology-31942997 (accessed 21 October 2016).
4. Personal communication with author.
5. James A. Dewar, *The Information Age and the Printing Press: Looking Backward to See Ahead*, Santa Monica, California: RAND Corporation, 1998, http://www.rand.org/pubs/papers/P8014.html (accessed 21 October 2016).

【第五章】

1. Gustavo Diaz-Jerez, "Composing with melomics: Delving into the computational world for musical inspiration," *LMJ* December 2011; 21:13–14, http://www.mitpressjournals.org/doi/abs/10.1162/LMJ_a_00053 (accessed 21 October 2016).
2. Ian Steadman, "IBM's Watson is better at diagnosing cancer than human doctors," *WIRED* 11 February 2013, http://www.wired.co.uk/article/ibm-watson-medical-doctor (accessed 21 October 2016).
3. Vinod Khosla, "Technology will replace 80% of what doctors do," *Fortune* 4 December 2012, http://fortune.com/2012/12/04/technology-will-replace-80-of-what-doctors-do (accessed 21 October 2016).
4. Daniela Hernandez, "Artificial intelligence is now telling doctors how to treat you," *WIRED* 6 February 2014, https://www.wired.

Thought Revealed, New York: Viking, 2012.

6. Ray Kurzweil, "The law of accelerating returns," *Kurzweil Accelerating Intelligence* 7 March 2001, http://www.kurzweilai.net/the-law-of-accelerating-returns (accessed 21 October 2016).
7. Dominic Basulto, "Why Ray Kurzweil's predictions are right 86% of the time," Big Think 2012, http://bigthink.com/end less-innovation/why-ray-kurzweils-predictions-are-right-86-of-the-time (accessed 21 October 2016).
8. Tom Standage, "Why does Kenya lead the world in mobile money?" the *Economist* 27 May 2013, http://www.economist.com/blogs/economist-explains/2013/05/economist-explains-18 (accessed 21 October 2016).
9. Peter Diamandis and Steven Kotler, *Abundance: The Future Is Better Than You Think*, New York: Free Press, 2012, p. 9.

【第四章】

1. Tim Kise, "Uber: Congress' [*sic*] new private driver," Hamilton Place Strategies 11 November 2014, http://hamilton placestrategies.com/news/uber-congress-new-private-driver (accessed 21 October 2016).
2. Alberto Gutierrez, "Warning letter," U.S. Food & Drug Administration 22 November 2013, http://www.fda.gov/ICECI/En force ment Actions/WarningLetters/2013/ucm376296.htm (accessed 21 October 2016).

【第二章】

1. James Cook, "London taxi company Addison Lee is battling to stay relevant in the age of Uber," *Business Insider Australia* 18 December 2015, http://www.businessinsider.com/addison-lee-cto-peter-ingram-explains-how-its-technology-works-2015-12 (accessed 21 October 2016). Jim Edwards, "Addison Lee's CEO told us how Uber is hurting his business and what he's doing about it," http://www.busi nessinsider.com.au/liam-griffin-ceo-of-addison-lee-on-how-uber-has-hurt-his-mini-cab-business-2015-4 (accessed 21 October 2016).
2. Ben Marlow, "Addison Lee owner flags sale," the *Telegraph* (U.K.), 28 June 2014, http://www.telegraph.co.uk/finance/newsbysec tor/banksandfinance/10933273/Addison-Lee-owner-flags-sale.html (accessed 21 October 2016).
3. Johana Bhuiyan, "Why Uber has to be first to market with self-driving cars," *Recode* 29 September 2016, http://www.recode.net/2016/9/29/12946994/why-uber-has-to-be-first-to-market-with-self-driving-cars (accessed 21 October 2016).
4. Alison Griswold, "Uber wants to replace its drivers with robots. So much for that 'new economy' it was building," *Slate* 2 February 2015, http://www.slate.com/blogs/moneybox/2015/02/0 2/uber_self_driving_cars_autonomous_taxis_aren_t_so_good_for_contractors_in.html (accessed 21 October 2016).
5. Ray Kurzweil, *How to Create a Mind: The Secret of Human*

原文注

【前言】

1. William Gibson, speaking at interview, "Talk of the Nation," National Public Radio 30 November 1999, http://www.npr.org/programs/talk-of-the-nation/1999/11/30/12966633, Timecode 11:55. (accessed 9 December 2016)

【第一章】

1. "SOPA/PIPA: Internet Blacklist Legislation," Electronic Frontier Foundation (undated), https://www.eff.org/issues/coica-inter net-censorship-and-copyright-bill (accessed 21 October 2016).
2. "H.R. 3261—Stop Online Piracy Act," U.S. Congress, https://www.congress.gov/bill/112th-congress/house-bill/3261 (accessed 21 October 2016).
3. "S. 968—PROTECT IP Act of 2011," U.S. Congress, https://www.congress.gov/bill/112th-congress/senate-bill/968 (accessed 21 October 2016).

國家圖書館出版品預行編目資料

科技選擇：如何善用新科技提升人類，而不是淘汰人類？／費維克．華德瓦（Vivel Wadhwa）、亞歷克斯．沙基佛（Alex Salkever）合著；譚天譯. -- 初版. -- 臺北市：經濟新潮社出版：家庭傳媒城邦分公司發行, 2018.11

面；　公分. --（經營管理；152）

譯自：The driver in the driverless car: how our technology choices will create the future

ISBN 978-986-96244-9-7（平裝）

1. 科技社會學　2. 未來社會

541.4　　107018027